Un fil à la patte

ÉTONNANTS • CLASSIQUES

FEYDEAU

Un fil à la patte

*Présentation, notes, dossier et cahier photos
par ÉLISE CHEDEVILLE,
professeur de lettres*

Flammarion

Dans la collection « Étonnants Classiques »

FEYDEAU, LABICHE, *Deux Courtes Pièces autour du mariage*

© Éditions Flammarion, 2012,
pour l'appareil critique.
© Classiques Garnier, 1988,
pour l'établissement du texte de la pièce par Henry Gidel.
ISBN : 978-2-0812-7857-8
ISSN : 1269-8822

SOMMAIRE

■ **Présentation** 9

Le théâtre dans la seconde moitié du XIXe siècle   10
Le vaudeville : origine, évolution et crise
    d'un genre   11
Feydeau, « l'ingénieur du vaudeville » ?   15
Histoire d'un *Fil*   20
Modernité de la pièce   21
Représentations et adaptations   26

■ **Chronologie** 29

Un fil à la patte

Acte premier   43
Acte II   107
Acte III   169
Avis de l'auteur   205

■ **Dossier** 207

■ Portrait de Georges Feydeau par son beau-père, Carolus-Duran (1892). Musée des Beaux-Arts de Lille.

PRÉSENTATION

La première d'*Un fil à la patte* a lieu le 9 janvier 1894. Même si le procès Vaillant[1] occupe le Tout-Paris, la représentation au théâtre du Palais-Royal est un triomphe : « Je n'oublierai jamais, dit Feydeau dix-sept ans plus tard, le succès qui fut fait à cette première. J'en ai connu de plus belles depuis. Jamais, est-ce parce que j'ai vieilli, je n'ai retrouvé de sensations pareilles[2]. » En effet, le public se rue aux guichets jusqu'en mai 1894.

Depuis, la pièce a été inscrite au répertoire de la Comédie-Française et a vu se succéder reprises et adaptations cinématographiques et télévisuelles. Pourtant, peu de travaux de recherche sont consacrés à l'auteur et aucun à cette œuvre.

Comment expliquer un tel engouement populaire et une telle désaffection critique et académique ? En quoi est-il essentiel de remettre Feydeau au goût du jour ?

---

1. Anarchiste qui avait lancé une bombe, le 9 décembre 1893, dans la Chambre des députés, faisant une cinquantaine de blessés. Il sera condamné à mort et guillotiné le 5 février 1894.
2. Cité par Henry Gidel dans *Feydeau*, Flammarion, 2001, p. 134.

Le théâtre dans la seconde moitié du XIXe siècle

Pour mieux comprendre la réception du texte et la place faite à l'auteur dans l'histoire littéraire, commençons par retracer le contexte de création de la pièce. Au XIXe siècle, le théâtre rythme la vie parisienne : il est au cœur des discussions, des réflexions et des mœurs. Après le spectacle, les auteurs, les comédiens et certains spectateurs se retrouvent dans des restaurants ou des brasseries pour commenter la représentation. Souvent renouvelé à l'affiche des théâtres, le répertoire est extrêmement varié.

Dans la seconde moitié du siècle, il se compose notamment d'un genre proche du drame bourgeois tel que Diderot l'a défini au XVIIIe siècle. Ce type de comédie s'intéresse au « réel » à travers la mise en scène d'une classe sociale, la bourgeoisie, dont il fait le plus souvent la satire. Fondé sur l'observation des mœurs et du quotidien, il rend compte des problèmes qui affectent la société de l'époque, notamment celle qu'il croque sur scène : les différences entre les catégories sociales, la toute-puissance des hommes d'affaires, de la presse et de l'argent, la question du divorce et des enfants nés en dehors du mariage.

À partir des années 1880, initié par Émile Zola (1840-1902), le mouvement naturaliste influe sur le genre dramatique, répandant l'idée que ce dernier doit représenter des tranches de vie, et que les décors doivent avoir une valeur documentaire. Peu à peu, le théâtre naturaliste devient un théâtre d'idées. Dans cette veine, le drame psychologique recoupe deux tendances : la première s'emploie à traiter de sujets débattus en société (le mariage, le divorce, la justice, l'amour maternel…) ; la seconde évite cette dimension sociale pour lui préférer la psychologie amoureuse des personnages – l'analyse des sentiments doit permettre de dresser une « anatomie sentimentale » réaliste de l'être humain.

Mais, à côté de ce théâtre réaliste, et né en réaction contre lui, existe un autre type de pièces, qui mettent en valeur les rêves, les images, les symboles : on l'appelle le théâtre symboliste. Un auteur comme Paul Claudel (1866-1955) n'hésite pas à faire part de ses aspirations spirituelles et religieuses à travers ses personnages. D'autres, au contraire, tel Alfred Jarry (1873-1907) avec *Ubu roi* (1896), proposent des farces bouffonnes parodiant non seulement le théâtre historique du début du siècle et ses élans idéalistes, mais aussi les comédies d'intrigue à la mode.

Ces dernières rencontrent un succès important auprès du public. Elles reposent sur des situations tellement compliquées et inextricables qu'elles ne peuvent que provoquer le rire. Très proche de celles-ci, mais doté d'une dimension satirique supplémentaire, le vaudeville est également très en vogue à l'époque. C'est à ce genre qu'appartient notre pièce.

Aussi rapide soit-il, ce panorama permet de saisir la vitalité du théâtre au temps de Feydeau. Afin de circonscrire davantage le vaudeville, esquissons sa genèse et son évolution au fil du temps jusqu'au moment où Feydeau s'y illustre.

Le vaudeville : origine, évolution et crise d'un genre

C'est au XVe siècle qu'apparaît le terme « vaudeville ». À l'époque, il désigne des chansons populaires, colportant l'actualité et provoquant le rire, composées sur des airs connus. Incertaine, l'étymologie du mot serait due à la confusion entre le nom de poètes-chanteurs normands appelés « compagnons du Vau de Vire », entre 1400 et 1500, et le titre de recueils de chansons dites « voix-de-villes », c'est-à-dire qui « se danse[nt] et chante[nt] par les villes » (Chardavoine, *Recueil*, 1576). À l'origine, un vaudeville est donc une chanson de circonstance, généralement satirique.

Au XVIIe siècle, cette tradition se perpétue avec les chantres qui, souvent accompagnés de violonistes, interprètent des couplets inspirés par l'actualité devant le peuple. Le plus célèbre des vaudevillistes d'alors, Philippot, dit le Savoyard, se produit pendant plus de quarante ans ! Boileau parle même de la naissance d'un nouveau genre dans son *Art poétique* (1674). Le vaudeville est composé de couplets de quatre à huit vers, chantés sur une mélodie connue.

Au même moment, le chant, qui avait disparu des comédies depuis l'Antiquité, réapparaît au théâtre lors d'intermèdes, notamment chez Molière. Mais ce sont surtout les acteurs de la *commedia dell'arte* qui agrémentent leurs canevas de vaudevilles chantés. En 1697, les comédiens-italiens sont expulsés de l'Hôtel de Bourgogne par Louis XIV à la suite de l'annonce d'une représentation visant directement Mme de Maintenon. Des entrepreneurs de spectacles s'emparent de leur répertoire et le font interpréter dans les foires. Voyant dans la professionnalisation des spectacles de la foire une dangereuse concurrence, la Comédie-Française essaie par tous les moyens de défendre ses privilèges et obtient l'exclusivité des pièces dialoguées, qui ne peuvent donc être représentées en dehors de son espace. Pour contourner cet obstacle, les saltimbanques font chanter les dialogues par le public grâce à des écriteaux. C'est Lesage qui, au XVIIIe siècle, donne à ces « pièces à écriteaux » leur forme la plus aboutie, avec *Arlequin, roi de Sérendib* (1713), entièrement composé de vaudevilles chantés.

En 1724, ce théâtre se voit allouer un espace spécifique, avec la fondation de l'Opéra-Comique. Le décret l'autorisant à avoir son propre lieu de spectacle formule toutefois une restriction : sur scène, sont seuls autorisés les monologues, et les dialogues s'ils sont insérés dans des chansons. En 1741, le vaudeville de Charles Simon Favart, *La Chercheuse d'esprit*, remporte un vif succès. La pièce comporte soixante-dix « timbres » ou airs différents, et contribue à fixer certains types, tel le personnage de l'ingénue (jeune fille innocente et naïve qui tient des propos équivoques). Cependant, le vaudeville français souffre encore de la concurrence des comédies italiennes, de nouveau admises, et n'émerge vraiment qu'après la Révolution. Le 13 janvier 1791, une loi donne à tout un chacun la liberté et le droit d'ouvrir un théâtre partout en France, après déclaration aux autorités municipales. Dans ce contexte, le théâtre du Vaudeville[1] est inauguré à Paris, près du Palais-Royal, en 1792, propulsant au premier plan le genre dont il tire son nom.

Qu'il soit anecdotique, « de circonstance », grivois, ou proche de la farce, le vaudeville connaît son plein essor au XIXe siècle. À Paris, il est représenté aux théâtres du Vaudeville, du Palais-Royal et des Variétés, mais aussi dans les théâtres de quartiers et les cafés-concerts, qui accueillent un public plus populaire, ainsi que dans les cercles d'amateurs. À partir des années 1880, il se joue également à l'Athénée et au théâtre des Nouveautés. Chaque salle a sa propre troupe et c'est souvent sur commande que les auteurs écrivent. Il arrive parfois que, un même soir, on joue une vingtaine de vaudevilles en même temps à Paris ! Assez simples, les intrigues sont tirées de faits divers ou de sujets à la mode. Elles sont inventées *ex nihilo* ou bien parodient des pièces

---

1. Théâtre aujourd'hui transformé en cinéma, place de la Bourse.

plus sérieuses, comme le drame romantique. Parmi les nombreux auteurs s'illustrant dans le genre, Eugène Scribe (1791-1825) réussit à structurer et à consolider ce théâtre en cosignant plus de quatre cents pièces : il impose la technique et les normes de ce qu'on appelle « une pièce bien faite » (c'est-à-dire dont l'action est claire et suit une progression rigoureuse), tout en réduisant le nombre de couplets. L'intrigue du vaudeville se fonde sur des quiproquos, des malentendus, des péripéties et des rencontres intempestives qui s'enchaînent à un rythme très rapide. En général, elle se termine bien, souvent de manière très joyeuse.

Quelques années plus tard, Eugène Labiche lui donne une structure plus complexe. Il invente le « vaudeville de mouvement », dans lequel les personnages ne cessent d'entrer et de sortir en courant pour s'extraire d'imbroglios, multipliant à cette occasion les quiproquos et les catastrophes. *Un chapeau de paille d'Italie* (1851) est un chef-d'œuvre du genre. À partir de 1864, Labiche contribue également à abolir la distinction usuelle entre théâtre de texte et théâtre musical. Il renonce aux couplets chantés qui deviennent le propre de l'opérette. Désormais, le vaudeville ne désigne plus qu'une pièce gaie, légère, dépourvue de toute prétention littéraire, reposant essentiellement sur un comique de situation.

Privé de son caractère d'origine – le chant –, le genre connaît une grave crise : la confusion avec la comédie lui est préjudiciable ; il perd son identité propre. Les pièces essuient de plus en plus d'échecs, les auteurs délaissent l'appellation de vaudeville, et l'on compte plus de reprises que de réelles créations ; le théâtre des Nouveautés et le théâtre du Palais-Royal connaissent des difficultés financières. Le public amateur de chant se détourne du vaudeville au profit de l'opérette ; les cafés-concerts, à l'affiche desquels se trouvent surtout des monologues et des opérettes, se multiplient. En outre, victime de son succès, le vaudeville perd en qualité, fragilisé par le plagiat des œuvres entre elles et le développement du vaudeville à tiroirs, où l'intrigue n'est plus qu'un prétexte à réunir des vedettes sur scène.

En 1880, « le vaudeville se meurt[1] ». Il faut attendre Georges Feydeau pour qu'il s'impose réellement et passe à la postérité.

Feydeau, « l'ingénieur du vaudeville » ?

Un dramaturge de la Belle Époque

À la fin du XIXe siècle, la France est une jeune république. Malgré diverses secousses politiques, elle vit une période d'expansion économique, d'avancées sociales et de progrès en matière éducative, le tout sur fond de fierté nationale. Elle connaît des années d'optimisme et de plaisirs, illustrées par la naissance de hauts lieux de rendez-vous pour la société bourgeoise, en France et à l'étranger : les Champs-Élysées, Monte-Carlo, Venise... C'est le début de la Belle Époque, un temps de faste et d'élégance qui voit émerger un « demi-monde », composé d'individus policés qui préfèrent les réceptions mondaines aux fastes princiers et rassemble à la fois des nobles déchus, des cocottes[2] triomphantes, des bourgeois fortunés, des artistes, des écrivains et des comédiens. Ils dînent chez Maxim's (célèbre restaurant parisien), se promènent au bois de Boulogne, vont au

---

1. Ainsi s'exprime le critique de théâtre Francisque Sarcey en avril 1881 dans *Le Temps*.
2. *Cocottes* : femmes de mœurs légères et richement entretenues (terme péjoratif).

théâtre, critiquent le dernier concert en vogue, se retrouvent sur la Côte d'Azur ou à Deauville, s'encanaillent à Montmartre, dont les cabarets et les bals ont été immortalisés par le peintre Toulouse-Lautrec. Certains auteurs s'emparent de cet univers pour en dénoncer la décadence, d'autres pour en louer la modernité. D'autres encore, comme Feydeau, décident simplement de l'incarner.

Né en 1862, Georges Feydeau est le fils de l'écrivain Ernest Feydeau, connu pour son roman réaliste *Fanny*. Il grandit au sein d'un milieu littéraire et bohème, puisque son père côtoie des écrivains comme Théophile Gautier et Gustave Flaubert. Dès son plus jeune âge, il manifeste un goût plus aiguisé pour le théâtre que pour l'école. À sept ans, il écrit sa première pièce, qui aborde déjà la question de l'adultère, thème récurrent dans l'œuvre du futur dramaturge. Au lycée Saint-Louis, il fonde le cercle des Castagnettes, qui interprète Molière, Labiche mais aussi des monologues de sa propre main. Bientôt, il renonce à ses études pour la vie dramatique. À dix-neuf ans, encouragé par Labiche, il fait jouer sa première pièce, *Par la fenêtre*, dans une station balnéaire. Il écrit des vaudevilles qui, bien que représentés à l'Athénée, lui valent peu de succès. Conscient de la crise que traverse le genre, le jeune Feydeau s'entraîne en recopiant ses maîtres : Labiche pour les personnages, le tandem Meilhac-Halévy[1] pour les dialogues, et Alfred Hennequin[2] pour l'intrigue. En 1886, *Tailleur pour dames* le fait remarquer. Cependant, il doit

---

1. *Henri Meilhac* (1830-1897) et *Ludovic Halévy* (1834-1908) sont des auteurs dramatiques ; librettistes d'opérettes et d'opéras français, ils sont connus pour avoir cosigné un grand nombre de succès comme *La Belle Hélène* d'Offenbach (1864), *Carmen* de Bizet (1875) ou encore *Le Mari de la débutante* (1879).
2. L'auteur dramatique *Alfred Hennequin* (1842-1887) a renouvelé le genre du vaudeville en le structurant davantage grâce à des intrigues complexes et aux jeux des décors.

attendre 1892 pour connaître la notoriété grâce à son « tiercé gagnant » : *Monsieur chasse !*, *Champignol malgré lui* et *Le Système Ribadier*.

Feydeau vient d'épouser Marie-Anne Carolus-Duran, fille du peintre. Commence alors une vie de gloire et de fortune qu'il dilapide dans le jeu et dans l'achat de toiles de maîtres. Ses œuvres suivantes, *Un fil à la patte* et *L'Hôtel du libre-échange* (1894), puis *Le Dindon* (1896), font de lui le dramaturge le plus célèbre de son temps, traduit en une dizaine de langues et joué partout en Europe. Feydeau a réussi à transformer le vaudeville en travaillant sur le mouvement, la construction des personnages et les jeux de langage. En insufflant une grande fantaisie dans un genre en perte de vitesse, il est parvenu à lui donner un second souffle, voire à le renouveler complètement.

Les principes du vaudeville selon Feydeau

Une action rigoureusement structurée

Le mouvement qui emporte l'action chez Feydeau repose sur la combinaison de deux procédés : le quiproquo et la péripétie. Le premier fait surgir des problèmes imprévus que les héros doivent résoudre d'urgence. Quant au second, il change brutalement la direction de l'intrigue. Feydeau prend cependant soin de varier les péripéties et de jouer sur les diverses réactions des personnages pour ne pas lasser son public. Ses intrigues sont fondées sur un enchaînement rigoureux de causes (on parle alors de « vaudeville structuré ») et peuvent se dérouler sur quatre ou cinq plans différents. Rien n'est laissé au hasard : personnages, objets, décor... tout sert l'action, induit le mouvement et se trouve réglé au centimètre près, de manière logique et vraisemblable. Outre la vivacité d'allure qu'elle induit, l'autre conséquence de cette logique est le nombre important d'entrées et de sorties des personnages, que Feydeau indique grâce aux didascalies et à un ingénieux système de numéros[1]. À cette époque, la mise en scène et les répétitions étaient assurées soit par le directeur du théâtre, soit par un acteur. Feydeau, lui, se fait véritablement scénographe, en suivant les répétitions. Le jeu des personnages tel qu'il est indiqué dans les didascalies donne aux comédiens une allure de pantins à ressorts, d'automates, et crée chez le spectateur l'aspect d'une « mécanique » « plaqué[e] sur du vivant[2] », selon les mots du philosophe Bergson qui voit là, dans sa théorie du *Rire*, la principale source du comique.

Des personnages types

Pour ses personnages, Feydeau puise dans le répertoire comique traditionnel. On retrouve ainsi les types classiques de la comédie : l'ingénue, l'amant qui ne sait comment se défaire de sa maîtresse, le barbon, le valet impertinent... Mais il les renouvelle en leur attribuant un certain nombre de traits propres à l'esprit du siècle. Souvent libertins, les hommes aiment l'argent, sont vaniteux et égoïstes, lâches, faibles, parfois assez sots, mais toujours sûrs d'eux. Parmi les personnages féminins, outre les femmes mariées, insipides ou acariâtres, on trouve le personnage de la « cocotte », qui « détraqu[e] la machine sociale[3] » : en effet, issue d'un milieu populaire, elle s'introduit dans le grand monde tout en conservant des caractéristiques de son environnement d'origine. Enfin, plus que tout, Feydeau recourt à la caricature, tout en ajoutant de menus détails véridiques destinés à individualiser chacun de ses personnages et à lui insuffler la vie.

---

[1] Voir note 4, p. 45.
[2] *Le Rire. Essai sur la signification du comique*, PUF, 1967, p. 29.
[3] Henry Gidel, *Feydeau, op. cit.*, p. 59.

Un jeu habile avec le langage

Feydeau est également un maître du comique verbal, jonglant avec les possibilités offertes par le langage : accents, tournures populaires, déformations phonétiques, argot, erreurs linguistiques, jargon, bégaiement, langues étrangères, répétitions, bons mots, calembours, etc. En outre, l'auteur excelle dans l'art de la suggestion : euphémismes, ellipses et phrases interrompues accentuent les effets comiques et nourrissent les quiproquos. Enfin, le rythme et la rapidité de la langue sont tels que les répliques frôlent parfois l'absurde.

Vers le théâtre de l'absurde ?

Au XIXe siècle, l'expression « folie-vaudeville » s'emploie au sujet des pièces de Feydeau, soulignant leur rythme euphorique. Un siècle plus tard, certains y voient les prémisses du surréalisme et du théâtre de l'absurde. Ionesco a d'ailleurs reconnu l'influence qu'a eue sur lui l'auteur d'*Un fil à la patte*. Et les analogies entre les deux répertoires sont réelles : les moyens dramaturgiques utilisés se ressemblent, tout comme l'accélération progressive du rythme, qui confine à la folie. Chez Feydeau, les personnages voient leur raison vaciller, formulent des idées délirantes, tiennent des propos incohérents, ressemblent à des jouets entre les mains du destin. Les objets eux-mêmes paraissent diaboliques, hostiles : ainsi en est-il du journal contenant l'annonce du mariage de Bois-d'Enghien, qui ne cesse de surgir sur scène, au désespoir du personnage qui s'évertue à le dissimuler. Par ces différents moyens, Feydeau crée un univers proche de l'absurde, oscillant entre vérité et illusion, dans lequel se dessine une vision vaine et dérisoire de l'existence humaine.

Histoire d'un *Fil*

En 1890, dans l'un de ses quotidiens favoris, *Gil Blas*, Georges Feydeau découvre qu'un certain général Asa, ministre de la Guerre d'un État sud-américain, venu négocier l'achat de navires de combat à Paris, a utilisé tous les fonds qu'on lui avait confiés pour profiter de la « vie parisienne » : le jeu et les femmes ont dilapidé les ressources mises à sa disposition... Le jour même, Feydeau campe son général Irrigua et les personnages de ce qui deviendra *Un fil à la patte*. Quelques semaines plus tard, il achève le premier acte. Hélas, une série d'incidents retardent l'écriture du reste de l'œuvre. En effet, un ami du dramaturge, Desvallières, l'informe que l'on joue une pièce à l'intrigue semblable : une cocotte s'arrange pour se faire surprendre en tenue légère dans les bras de son amant afin de ruiner son projet de mariage avec une autre. Par peur d'être accusé de plagiat, Feydeau interrompt son travail et ne le reprend qu'en 1893. Mais il assiste alors à la représentation d'une pièce de Valabrègue, *Le Premier Mari de France*, qui utilise le même ressort. Cette fois, Feydeau écrit à l'auteur pour lui faire part de la comédie qu'il prépare et ainsi désamorcer toute éventuelle accusation de contrefaçon, puis il mène rapidement à terme l'écriture d'*Un fil à la patte*.

En novembre 1893, Feydeau commence à diriger les répétitions de sa pièce. Il choisit trois vedettes : le comédien Raimond, qui joue Bois-d'Enghien ; Saint-Germain, qui incarne Bouzin, et Milher, qui interprète le général Irrigua. Faute de pouvoir engager une star pour jouer Lucette, il retient une jeune comédienne, Jeanne Cheirel, qui, grâce à ce rôle, s'imposera sur les planches et accédera au cinéma. La première d'*Un fil à la patte*, le 9 janvier 1894, au Palais-Royal, est un triomphe. La pièce garde l'affiche pendant cent vingt-neuf représentations !

Elle confirme Georges Feydeau, âgé de trente et un ans à peine, dans son statut de grand dramaturge. Il est alors considéré comme le meilleur vaudevilliste de son époque.

Modernité de la pièce

« Faites sauter le boîtier d'une montre et penchez-vous sur ses organes : roues dentelées, petits ressorts et propulseurs. C'est une pièce de Feydeau qu'on observe de la coulisse. Remettez le boîtier et retournez la montre : c'est une pièce de Feydeau vue de la salle – les heures passent, naturelles, rapides, exquises », écrit Sacha Guitry dans *Portraits et anecdotes*. En démontant *Un fil à la patte*, comme on le ferait d'un savant mécanisme, on en découvre les enjeux, dissimulés sous le rire. Certes, on peut reprocher à Feydeau les calembours parfois peu raffinés ou usés, son personnage malodorant et quelque peu grossier, son intrigue assez convenue et les situations invraisemblables qui l'étayent. Pourtant, il faut convenir de l'efficacité de la pièce sur le spectateur et lui reconnaître une modernité étonnante.

Un comique atemporel

Comme Molière ou Beaumarchais avant lui, Feydeau souhaite avant tout distraire son public. Un siècle plus tard, il y parvient encore. Outre le comique de caractère – comment le pauvre Fontanet ou le bouffon Bouzin pourraient-ils ne pas faire rire ? –, il utilise le comique de situation : Bois-d'Enghien découvert dans une posture compromettante, Bouzin surpris en petite tenue dans l'escalier, la baronne cherchant les vents coulis…

Il recourt également au comique de gestes : Bois-d'Enghien avec le journal, jeux de chaises, chorégraphies d'ensemble, ballet de courses-poursuites... Mais c'est surtout par le comique de langage que Feydeau brille. Bien sûr, certaines allusions au contexte politique ont vieilli – « piquer des épingles », par exemple[1] –, d'autres trouvailles semblent un peu faciles – le pauvre Fontanet et son « comme je pus » –, mais c'est sans réserves qu'on éclate de rire aux mots d'esprit de la pétillante Marceline, ou au simple comique de répétition de celle qui a toujours faim. L'invention du terrible général Irrigua et de son irrésistible accent espagnol – « *Yo ne vous toue plouss* » – est une source de comique inépuisable (ses problèmes de traduction et de prononciation renouvellent sans cesse les quiproquos). Le même procédé est utilisé, en anglais, avec le personnage de Miss Betting.

Participent également à l'efficacité du rire :

— les reprises parodiques et pseudo-lyriques : « des fleurs des champs... à l'étoile... des chants ! » (p. 144) ;

— les images saugrenues ou ironiques : « BOIS-D'ENGHIEN. – Je vous demande un peu ce qu'elle a de si attrayant, madame Jean ! JEAN. – Monsieur me dispensera de lui donner des détails... » (p. 172) ;

— les ellipses ridicules : « Mon nan-nan... », « Ma Lulu... » (p. 82) ;

— les renversements : « Mamoisselle Gautier ! révénez à moi... révénez à moi... » (p. 153) ;

— les calembours : « Au tribunal de cet affreux Cauchon ! » (p. 121) ;

— les apartés : « J'ai un forfait avec mon fleuriste ! » (p. 118) ;

— les traits d'esprit : par exemple, le raisonnement de Viviane sur le rôle des maris dans la procréation (p. 114-115) ;

---

1. Voir note 1, p. 72.

— les échanges fondés sur le jeu des stichomythies (courtes répliques qui s'enchaînent en produisant un effet de rapidité) : par exemple, le dialogue entre Lucette et Bois-d'Enghien à la scène 5 de l'acte III (p. 184).

Une dramaturgie novatrice

Avec *Un fil à la patte*, Feydeau a su mener l'art du quiproquo et de la péripétie à son plus haut point. Prisonniers de leurs malentendus, les personnages sont responsables de ce qui leur arrive. Il suffit d'un moment d'égarement ou, au contraire, d'un geste intentionnel pour entraîner un engrenage drôle, mais fatal. Quand Bouzin glisse sa carte dans le bouquet d'Irrigua, il signe son exclusion ; quand Bois-d'Enghien désigne Bouzin comme amant de Lucette, il le condamne. Cette conception de l'art dramatique permet d'apporter du rythme et de l'allégresse à la pièce, et en justifie les multiples coups de théâtre.

La dramaturgie de Feydeau est également sous-tendue par un vrai travail de scénographie. Couplées à un système de numéros très rigoureux, les didascalies obligent à une gestuelle, des placements et déplacements d'une précision extrême. Toujours segmentés et compartimentés, les décors sont longuement détaillés. Le son et les jeux de lumière sont spécifiés dans la pièce, et l'avis final (p. 205) resserre le cadre de la mise en scène. Même si elle restreint la liberté des metteurs en scène, la mention de l'utilisation de l'espace et des corps nous invite à rapprocher cette dramaturgie d'une écriture cinématographique. Enfin, Feydeau n'en reste pas là : il fait appel à d'autres arts du spectacle – la musique (chansonnettes, chœurs) et la danse (ballets). Ces intermèdes ne constituent pas un pur divertissement. Ils ont un rôle « performatif », c'est-à-dire qu'ils participent à l'action et donnent à la pièce une dimension de « spectacle total ».

Actualité de la critique sociale

Le titre de la pièce renvoie à une ancienne expression, « avoir un fil à la patte », qui évoque l'idée d'une rupture impossible – ici, celle de Bois-d'Enghien qui voudrait se séparer de Lucette et épouser la jeune Viviane pour s'assurer un confort financier. Feydeau représente la société bourgeoise de son époque où se côtoient les chanteuses de cafés-théâtres, les cocottes devenues duchesses, les aristocrates désargentés, les parvenus et les artistes sans talent mais ambitieux. Ce sont les travers du Paris de la Belle Époque dont il se moque. En décrivant très précisément les décors et les costumes des années 1900, il accentue les traits de son tableau de mœurs et vise un public contemporain, qui peut rire de ses propres défauts.

La critique porte essentiellement sur le mariage d'intérêt et sur le rôle de l'argent dans la sphère privée. Ce qui compte en apparence, c'est l'amour, mais ce qui anime les personnages, c'est l'argent et la promotion sociale qu'il représente. Les temps ont-ils vraiment changé ? Les mallettes pleines de billets, les colliers et les bijoux destinés à acheter les femmes, les amitiés intéressées, le mariage calculé : tout cela n'est-il pas d'une actualité étonnante ?

Des personnages revivifiés

Viviane n'est pas l'archétype de la jeune fille innocente et naïve : elle est attirée par Bois-d'Enghien parce qu'il a mauvaise réputation et parce que toutes les femmes le désirent. Lucette n'est pas uniquement une amante expérimentée, soucieuse de plaire, jouant habilement des relations entre les sexes. Elle diffère des cocottes du théâtre de boulevard par l'amour réel qu'elle porte à son amant, par la ruse dont elle fait preuve pour le conserver, et par la prodigalité qu'elle exerce à l'égard de tous. En revanche, Bois-d'Enghien est le type parfait du séducteur : beau parleur et lâche, cherchant à s'attirer la faveur des femmes et à obtenir une belle position sociale. Il peut être plaisant, mais sait aussi se montrer vil lorsque ses intérêts sont en jeu : ainsi, il n'hésite pas à sacrifier un malheureux pour parvenir à ses fins. Quant au général, inspiré d'un modèle authentique, il renouvelle le personnage du « rastaquouère[1] », à la mode au XIXe siècle. Outre la dimension comique qu'il apporte à la pièce, Irrigua se distingue par la force et la poésie de ses propos, destinés, comme son argent, à obtenir les faveurs de celle qu'il aime. Et Bouzin dans tout cela ? Médiocre, humilié et dépressif, poursuivi et traqué, et néanmoins prétentieux et ridicule, le personnage n'a rien d'un grand : il a la malchance d'être né commun dans un monde où il faut briller pour réussir. Il est sans doute celui qui s'éloigne le plus de tout type. Il suscite tour à tour compassion, moquerie, répulsion et empathie. Il fait figure de bouc émissaire d'un microcosme social dont il ne comprend rien, surtout pas les usages...

Comme la quasi-totalité de ces figures de premier plan, les personnages secondaires échappent aux lieux communs. Marceline est une vieille fille aigrie et jalouse de sa sœur, mais qui ne le serait pas à sa place ? Chenneviette, le « père de l'enfant de Madame », aussi dépenser que susceptible, réclame à Lucette de l'argent pour la pension de son enfant, mais se vexe quand celle-ci n'accepte pas qu'il lui rembourse un timbre. Il erre comme une âme en peine dans le monde de celle qui ne lui est plus reliée que par un fil ténu. L'authenticité de ces personnages est d'autant plus touchante qu'ils incarnent des passions réelles.

Une satire universelle

La pièce de Feydeau ne se contente pas de nouer un écheveau de fils entre les personnages. Elle renvoie aux spectateurs

---

1. *Rastaquouère* : individu, généralement d'origine sud-américaine ou méditerrannéenne, qui étale un luxe voyant et de mauvais goût, aux sources suspectes.

l'image de leurs propres faiblesses. Caricaturiste de son temps mais aussi du nôtre, Feydeau a choisi le rire plutôt que les larmes pour construire une satire des travers des hommes : leur lâcheté quand il faut avouer la fin d'un amour – si amour il y a eu – (Bois-d'Enghien), leur égoïsme (Bois-d'Enghien, Marceline), leur cupidité (Bois-d'Enghien, Bouzin), leur aspiration à briller (Bouzin), leur narcissisme (Chenneviette refusant de voir la triste réalité de sa situation). Ce faisant, il pointe les imperfections d'un monde dans lequel les uns et les autres s'agitent et se heurtent en suivant leurs désirs propres, avoués ou inavoués.

Face à ces passions, il ne nous reste qu'à rire de ces protagonistes et de nous-mêmes, à compatir à leur sort, qui est aussi le nôtre. Pour arriver à leurs fins, les personnages manipulent, trahissent, mentent et fuient, non sans cynisme. Tous courent sans cesse, ne savent plus s'écouter, se muent en pantins désarticulés, incapables de communiquer malgré leurs efforts. Au-delà du rire qu'elle provoque, la charge critique de l'œuvre en fait une pièce morale. Feydeau ne se contente pas d'être un amuseur. Il souligne la dépendance de l'homme par rapport à ses passions, et, de ce point de vue, s'inscrit dans la lignée d'un La Bruyère ou d'une Mme de Staël.

Représentations et adaptations

Il serait trop long de recenser ici toutes les mises en scène d'*Un fil à la patte* depuis sa première représentation, le 9 janvier 1894 au théâtre du Palais-Royal. Sans prétendre être exhaustif, on pourra retenir les représentations de la pièce en 1911 au Théâtre-Antoine ; en 1929 aux Bouffes-du-Nord ; en 1943 à l'Odéon ; en 1954 au théâtre de Paris.

En 1961, Jacques Charon fait entrer *Un fil à la patte* au répertoire de la Comédie-Française avec, pour l'interpréter, les comédiens les plus en vue de l'époque (Micheline Boudet, Marthe Alycia, Paule Noëlle, Robert Hirsch, Jean Piat, Georges Descrières, Jacques Charon). C'est un triomphe et la troupe part en tournée à l'étranger avec un succès qui se prolongera jusqu'en 1973[1]. Le public apprécie particulièrement le jeu de Robert Hirsch qui souligne toute la complexité de son personnage, Bouzin. Comme l'écrit un critique de l'époque, « d'un rôle qui pourrait n'être que bouffon, et où tel autre acteur de qualité eût placé ses trouvailles heureuses, il a fait un personnage impressionnant, une espèce de créature shakespearienne[2] ». Provoquant l'hilarité des spectateurs, la scène de l'escalier est devenue un morceau d'anthologie dans cette mise en scène. En 1970, Jacques Charon reprend *Un fil à la patte* au théâtre Marigny. Si la distribution a quelque peu changé — on note l'apparition de Michel Duchaussoy —, le succès demeure identique.

En 1989, Pierre Mondy met en scène *Un fil à la patte*, avec Jacques Villeret, Christian Clavier, Martin Lamotte et Valérie Lemercier.

En 2001, Georges Lavaudant monte la pièce à l'Odéon, puis c'est au tour de Francis Perrin et de Bruno Cadillon. En 2011, Michel Kacenelenbogen obtient un très grand succès en Belgique, avec une mise en scène moderne et iconoclaste, et une scénographie très particulière[3]. La pièce est également montée à Clichy par Aude Gogny-Goubert, puis par Isabelle Starkier, à Paris, au théâtre Sudden, dans une interprétation très moderne qui séduit le jeune public.

---

1. Voir dossier, p. 234, 239.
2. Jean-Jacques Gautier, *Le Figaro*, 14 décembre 1961.
3. Voir cahier photos, p. 7.

Plus récemment, en 2010, *Un fil à la patte* est mis en scène par Jérôme Deschamps à la Comédie-Française, avec Dominique Constanza, Florence Viala, Thierry Hancisse, Hervé Pierre, Guillaume Gallienne et Christian Hecq. Les Molières de 2011 récompensent cette création, qui obtient le prix du meilleur spectacle du théâtre public. Christian Hecq est sacré meilleur comédien pour son interprétation de Bouzin, et Guillaume Gallienne, meilleur second rôle pour Chenneviette et Miss Betting[1]. La pièce se joue jusqu'en juillet 2012.

Enfin, le cinéma a toujours puisé dans l'œuvre de Feydeau, qui a inspiré plus de vingt films en tout, sans compter les adaptations télévisées. *Un fil à la patte* a été adapté plusieurs fois pour le cinéma. Le muet s'en est emparé dès 1912 grâce à Marcel Simon. En 1934, c'est au tour de Karl Anton d'adapter la pièce, pour le parlant cette fois, puis de Guy Lefranc, en 1954, avec un Bourvil très en verve qui joue le rôle de Bouzin. L'accueil est partagé et la critique divisée. Plus près de nous, Michel Deville a adapté la pièce au cinéma en 2005, avec une distribution prestigieuse : Emmanuelle Béart, Dominique Blanc, Julie Depardieu, Patrick Timsit et Charles Berling.

À présent, avant que le rideau ne se lève, un conseil : laissez-vous emporter par le mouvement, le rire et l'euphorie de la pièce, et gardez à l'esprit la dernière réplique de Bouzin qui, *a posteriori*, résonne comme un pied de nez de Feydeau à la critique – « J'en appelle à la postérité ! »

---

1. Voir dossier, p. 241.

CHRONOLOGIE

1862 1921
1862 1921

■ Repères historiques et culturels
■ Vie et œuvre de Georges Feydeau

Repères historiques et culturels

1863	Salon des refusés (Manet, Pissarro, Cézanne…). Manet, *Le Déjeuner sur l'herbe*.
1864	Labiche, *La Cagnotte*, *Moi*.
1865	Abolition de l'esclavage aux États-Unis. Les frères Goncourt, *Germinie Lacerteux*.
1866	Daudet, *Lettres de mon moulin*.
1869	Lautréamont, *Les Chants de Maldoror*. Flaubert, *L'Éducation sentimentale*.
1870	Guerre franco-allemande. 30 août-2 septembre : défaite française à Sedan et destitution de Napoléon III. 4 septembre : proclamation de la IIIe République. Cézanne, *Le Déjeuner sur l'herbe*.
1871	28 janvier : armistice franco-allemand. 18 mars-28 mai : Commune de Paris (soulèvement républicain et révolutionnaire réprimé dans le sang par le gouvernement du président Adolphe Thiers). 10 mai : traité de Francfort ; la France cède l'Alsace-Lorraine à l'Allemagne. Gouvernement de Thiers : réorganisation de la France. Zola, *La Fortune des Rougon* (premier roman de la série des *Rougon-Macquart*).
1872	Renoir, *Les Canotiers à Chatou*.
1873	Jules Verne, *Le Tour du monde en 80 jours*. Rimbaud, *Une saison en enfer*, *Illuminations*. Gouvernement de Mac-Mahon : tentative avortée de restauration monarchiste.

Vie et œuvre de Georges Feydeau

1862 Naissance de Georges Feydeau, fils d'Ernest et de Léocadie Feydeau. Doutes sur la paternité de l'enfant (on attribue à sa mère des amants de renom : le duc de Morny et Napoléon III).
Georges grandit au sein d'un milieu littéraire et bohème ; son père, Ernest Feydeau, est courtier en Bourse, directeur de journal et polygraphe (auteur d'écrits très divers). Il a connu le succès avec un roman, *Fanny* (1858), et il est l'ami intime de Gautier, de Flaubert et des frères Goncourt.

1869 À sept ans, Feydeau compose sa première pièce.

1870 Ernest Feydeau se réfugie avec sa famille à Boulogne-sur-Mer.

1871 Georges Feydeau entre au lycée Chaptal (Paris) comme interne.

1872 Feydeau est interne au lycée Saint-Louis (Paris). Il continue à écrire des pièces.

1873 Mort d'Ernest Feydeau.

Repères historiques et culturels

1876	Mallarmé, *L'Après-midi d'un faune*.
1877	Labiche, *La Clé* (dernière pièce du dramaturge). Flaubert, *Trois Contes*.
1878	Augier, *Les Fourchambault*.
1879	Jules Grévy, président de la République.
1880	Zola, *Le Roman expérimental*. Gouvernements Jules Ferry (jusqu'en 1885) : lois scolaires. Élection d'Eugène Labiche à l'Académie française.
1881	Flaubert, *Bouvard et Pécuchet*. Dumas fils, *La Princesse de Bagdad*.
1882	Triple alliance : accord défensif signé entre l'Allemagne, l'Autriche-Hongrie et l'Italie. Wagner, *Parsifal*. Becque, *Les Corbeaux*.
1883	Hugo, *La Légende des siècles* (dernière publication).
1884	Divorce de nouveau autorisé en France. Lois sur les libertés syndicales.
1885	Début du boulangisme, mouvement nationaliste et revanchard. Zola, *Germinal*. Maupassant, *Bel-Ami*.
1886	Courteline, *Les Gaîtés de l'escadron*.
1887	Fondation du Théâtre-Libre par André Antoine : il vise à rénover l'art dramatique grâce au réalisme. Sadi Carnot, président de la République.

Vie et œuvre de Georges Feydeau

1876   Feydeau et un de ses camarades fondent le cercle des Castagnettes, qui donne des concerts et des représentations théâtrales. Il y interprète Molière, Labiche, et joue des monologues qu'il a lui-même composés.
Léocadie Feydeau se remarie avec Henry Fouquier.

1881   Feydeau évolue dans un milieu passionné de théâtre. Il continue à se produire en tant que comédien dans de nombreux spectacles, et écrit des monologues à succès.

1882   Feydeau compose *Notre futur* (comédie en un acte). Sa deuxième pièce (quiproquo en un acte), *Par la fenêtre*, remporte un vif succès.

1883   Représentation d'*Amour et Piano* (comédie en un acte) au théâtre de l'Athénée, puis d'une «comédie bouffe», *Gibier de potence*; elles obtiennent toutes deux un grand succès. Feydeau part ensuite à l'armée et y écrit *Tailleur pour dames*, un vaudeville en trois actes.

1884   À son retour, il devient secrétaire général du théâtre de la Renaissance. Les monologues qu'il invente, bien que joués par de grands comédiens, n'obtiennent pas le succès escompté. L'auteur a de graves difficultés financières.

1885   Il occupe un poste de chroniqueur théâtral dans le journal de son beau-père et se découvre une passion pour le dessin et la peinture. Il prend des cours avec Carolus-Duran, le grand portraitiste du Tout-Paris.

1886   Feydeau ne dirige plus le théâtre de la Renaissance mais il y monte *Tailleur pour dames* (comédie en trois actes) qui obtient un grand succès.

1887   *La Lycéenne* (opérette). C'est un échec.
Feydeau commence à collectionner les toiles de maîtres.

Repères historiques et culturels

1888	Mort de Labiche à Paris.
1889	Affaire de Panamá : scandale financier qui frappe l'opinion et déclenche un mouvement antisémite et antiparlementaire. Exposition universelle à Paris ; inauguration de la tour Eiffel.
1891	Alliance franco-russe : accord de coopération militaire conclu entre la France et l'Empire russe. Panhard et Levassor mettent au point la première automobile à essence.
1892	Maeterlinck, *Pelléas et Mélisande*.
1893	Claudel, *L'Échange*. Courteline, *Boubouroche*.
1894	Crise anarchiste et assassinat de Sadi Carnot. Jean Casimir-Périer, président de la République. Début de la guerre sino-japonaise. Arrestation du capitaine Alfred Dreyfus, accusé d'espionnage. Debussy, *Prélude à l'après-midi d'un faune*.
1895	Félix Faure, président de la République. Les frères Lumière mettent au point le cinématographe.
1896	Jarry, *Ubu roi*.
1897	Gide, *Les Nourritures terrestres*. Rostand, *Cyrano de Bergerac*.
1898	Degas, *Après le bain*. Zola, « J'accuse ».

Vie et œuvre de Georges Feydeau

1888 *Un bain de ménage* (vaudeville en un acte), *Chat en poche* (vaudeville en trois actes) connaissent également un mauvais accueil. Feydeau rencontre Maurice Desvallières avec qui il composera plusieurs pièces. Leur collaboration commence par un échec, *Les Fiancés de Loches* (vaudeville en trois actes).

1889 *L'Affaire Édouard* (vaudeville en trois actes) est un autre désastre. Feydeau manque d'argent et ne cesse de jouer… et de peindre. Il épouse Marie-Anne Carolus-Duran, la fille du peintre.

1892 *Monsieur Chasse!* et *Champignol malgré lui*, en collaboration avec Desvallières, et *Le Système Ribadier*. Ces comédies en trois actes permettent à Feydeau d'atteindre la notoriété. Il fréquente les intellectuels de son temps.

1894 *Un fil à la patte*, *Le Ruban*, *L'Hôtel du libre-échange* (comédies en trois actes). Feydeau devient le dramaturge le plus célèbre de son époque, traduit en une dizaine de langues et joué dans toutes les capitales d'Europe.

1896 *Le Dindon* (comédie en trois actes), *Les Pavés de l'ours* (comédie en un acte).

1897 *Séance de nuit*, *La Mi-Carême*, *Dormez, je le veux!* (vaudevilles en un acte).

1898 Feydeau joue dans les pièces de ses amis.

1899 La gloire de Feydeau culmine avec *La Dame de chez Maxim's* (comédie en trois actes).

Repères historiques et culturels

1900	Exposition universelle à Paris. Bergson, *Le Rire. Essai sur la signification du comique*. Colette entame la série des *Claudine*.
1901	1er juillet : la loi sur les associations reconnaît aux citoyens français le droit de s'associer sans autorisation préalable. Hervieu, *L'Énigme*, *La Course du flambeau*.
1902	Debussy, *Pelléas et Mélisande*.
1903	Mirbeau, *Les affaires sont les affaires*.
1905	Loi de séparation des Églises et de l'État. Début du fauvisme en peinture.
1907	Picasso, *Les Demoiselles d'Avignon* (début de la période cubiste).
1910	Matisse, *La Danse*.
1911	Saint-John Perse, *Éloges*.
1912	Guerre des Balkans (les peuples de l'Empire ottoman d'Europe aspirent à s'émanciper de la domination turque). Grande exposition de toiles futuristes à Paris.
1913	Raymond Poincaré, président de la République. Proust, *Du côté de chez Swann*. Stravinski, *Le Sacre du printemps*.

Vie et œuvre de Georges Feydeau

1900   Gagné par la mélancolie, Feydeau prend ses distances avec le vaudeville pour se consacrer à deux de ses passions : la peinture (il collectionne sans compter) et la vie nocturne (il passe ses nuits chez Maxim's à observer ses contemporains), ce qui a pour conséquence d'aggraver ses problèmes financiers.

1902   Après l'échec de son opérette, *Le Billet de Joséphine*, Feydeau est contraint de vendre sa collection de tableaux.
Il se querelle de plus en plus souvent avec sa femme.

1904   *La main passe*, comédie de mœurs, obtient un grand succès.
Marie-Anne Feydeau obtient la séparation de biens.

1906   *Le Bourgeon* (comédie en trois actes).

1907   *La Puce à l'oreille* (comédie en trois actes) remporte un grand succès.

1908   *Occupe-toi d'Amélie* (comédie en trois actes) est un triomphe. Feydeau compose sa première farce conjugale en un acte : *Feu la mère de Madame*.

1909   *Le Circuit* (comédie en trois actes).
Feydeau se sépare partiellement de sa femme et vit entre son domicile et l'hôtel.

1910   *On purge bébé* (comédie en un acte).

1911   *Mais n'te promène donc pas toute nue* et *Léonie est en avance* (comédies en un acte). Feydeau ne parvient plus à écrire de vaudevilles.

1913   Il est fait officier de la Légion d'honneur.

Repères historiques et culturels

1914	Assassinat de l'archiduc d'Autriche, Franz Ferdinand, qui marque le début de la Première Guerre mondiale. Monet, *Nymphéas*. Mouvement dada et début du surréalisme pictural.
1916	Bataille de Verdun. Freud, *Introduction à la psychanalyse*. Barbusse, *Le Feu*.
1918	Armistice du 11 novembre : fin de la Première Guerre mondiale. Apollinaire, *Calligrammes*.
1919	Traité de Versailles. Formation du «groupe des Six» : six compositeurs se réunissent autour d'Erik Satie.
1920	Création du Parti communiste français.

Vie et œuvre de Georges Feydeau

1914 *Je ne trompe pas mon mari* (comédie en trois actes).

1916 *Hortense a dit : « Je m'en fous ! »* (comédie en un acte).
Le divorce entre les époux Feydeau est prononcé.

1919 Atteint de syphilis, Feydeau est gagné par des troubles mentaux. Il se fait soigner au sanatorium de Rueil-Malmaison, à une vingtaine de kilomètres de Paris.

1921 Mort de Georges Feydeau.

Note sur la présente édition : notre édition reprend le texte de la pièce établi par Henry Gidel pour l'édition du *Théâtre complet* de Feydeau en Classiques Garnier, 1988-1989.

Un fil à la patte

*Comédie en trois actes représentée
pour la première fois à Paris, le 9 janvier 1894,
au théâtre du Palais-Royal.*

PERSONNAGES

BOUZIN
LE GÉNÉRAL IRRIGUA
FERNAND DE BOIS-D'ENGHIEN
LANTERY *(dit aussi le Notaire)*
DE CHENNEVIETTE
DE FONTANET
ANTONIO
JEAN
FIRMIN
LE CONCIERGE DE BOIS-D'ENGHIEN
UN MONSIEUR
ÉMILE
LUCETTE
LA BARONNE *(dite aussi Madame Duverger)*
VIVIANE
MARCELINE
NINI GALANT
MISS BETTING
UNE DAME
DOMESTIQUES HOMMES
DOMESTIQUES FEMMES
UN FLEURISTE
UNE NOCE
PREMIER AGENT
SECOND AGENT

Acte premier

Un salon chez Lucette Gautier
Ameublement élégant. – La pièce est à pan coupé[1] du côté gauche ; à angle droit du côté droit ; à gauche, deuxième plan, porte donnant sur la chambre à coucher de Lucette. – Au fond, face au public, deux portes ; celle de gauche,
5 *presque au milieu, donnant sur la salle à manger (elle s'ouvre intérieurement) ; celle de droite ouvrant sur l'antichambre[2]. – Au fond de l'antichambre, un portemanteau. – Au fond de la salle à manger, un buffet chargé de vaisselle. – Dans le pan coupé de gauche, une cheminée avec sa glace et sa garniture. – À droite, deuxième plan, autre porte. (Toutes ces portes sont à deux battants.)*
10 *– À droite, premier plan, un piano adossé au mur, avec son tabouret. – À gauche, premier plan, une console[3] surmontée d'un vase. – À droite près du piano, mais suffisamment éloigné de lui pour permettre de passer entre ces deux meubles, un canapé de biais, presque perpendiculairement à la scène et le dos tourné au piano. – À droite du canapé, c'est-à-dire au bout le plus rap-*
15 *proché du spectateur, un petit guéridon[4]. – À l'autre bout du canapé, une chaise volante [5]. – À gauche de la scène, peu éloignée de la console, et côté droit face au public, une table rectangulaire de moyenne grandeur ; chaise à droite, à gauche et au-dessus de la table. – Devant la cheminée, un pouf ou un tabouret ; à gauche de la cheminée et adossée au mur, une chaise. – Entre les*
20 *deux portes du fond, un petit chiffonnier[6]. – Bibelots[7] un peu partout, vases sur la cheminée, etc. ; tableaux aux murs ; sur la table de gauche, un Figaro plié.*

---

1. À pan coupé : oblique.
2. Antichambre : pièce d'attente placée à l'entrée d'un grand appartement.
3. Console : petite table à deux pieds, en forme de volute.
4. Guéridon : petite table ronde, pourvue d'un seul pied central.
5. Chaise volante : chaise mobile, pouvant être déplacée pour les besoins de la mise en scène.
6. Chiffonnier : petit meuble haut, à nombreux tiroirs superposés.
7. Bibelots : petits objets décoratifs.

Scène première

FIRMIN, MARCELINE

Au lever du rideau, Marceline est debout, à la cheminée sur laquelle elle s'appuie de son bras droit, en tambourinant du bout des doigts comme une personne qui s'agace d'attendre ; pendant ce temps, dans le fond, Firmin, qui a achevé de mettre le couvert, regarde l'heure à sa montre et a un geste
5 *qui signifie : « Il serait pourtant bien temps de se mettre à table. »*

MARCELINE, *allant s'asseoir sur le canapé.* – Non, écoutez, Firmin, si vous ne servez pas, moi je tombe !
FIRMIN, *descendant à elle*[1]. – Mais, mademoiselle, je ne peux pas servir tant que madame n'est pas sortie de sa chambre.
10 MARCELINE, *maussade.* – Oh ! bien, elle est ennuyeuse, ma sœur ! vraiment, moi qui la félicitais hier… qui lui disais : « Enfin, ma pauvre Lucette, si ton amant t'a quittée… si ça t'a fait beaucoup de chagrin, au moins, depuis ce temps-là, tu te lèves de bonne heure, et on peut déjeuner à midi ! » C'était
15 bien la peine de la complimenter.
FIRMIN. – Qui sait ? madame a peut-être trouvé un successeur à monsieur de Bois-d'Enghien !
MARCELINE, *avec conviction.* – Ma sœur !… Oh ! non ! elle n'est pas capable de faire ça !… Elle a la nature de mon père ! c'est
20 une femme de principes ! si elle avait dû le faire, *(changeant de ton)* je le saurais au moins depuis deux jours.
FIRMIN, *persuadé par cet argument.* – Ah ! alors !…
MARCELINE, *se levant.* – Et puis, quand cela serait ! ce ne serait pas encore une raison pour ne pas être debout à midi et quart !…
25 Je comprends très bien que l'amour vous fasse oublier

---

1. Allant du fond vers le devant de la scène, en direction de Marceline.

l'heure !... *(Minaudant[1].)* Je ne sais pas... je ne connais pas la chose !

FIRMIN. – Ah ?

MARCELINE. – Non.

FIRMIN. – Ah ! ça vaut la peine !

MARCELINE, *avec un soupir*. – Qu'est-ce que vous voulez, je n'ai jamais été mariée, moi ! Vous comprenez, la sœur d'une chanteuse de café-concert !... est-ce qu'on épouse la sœur d'une chanteuse de café-concert ?... N'importe, il me semble que, si toquée[2] soit-on d'un homme, on peut bien, à midi !... Enfin, regardez les coqs... est-ce qu'ils ne sont pas debout à quatre heures du matin ?... Eh ! bien alors ! *(Elle se rassied sur le canapé.)*

FIRMIN. – C'est très juste !

Lucette entre précipitamment de gauche. Firmin remonte[3] au fond.

Scène 2

LES MÊMES, LUCETTE, *sortant de sa chambre*

LUCETTE. – Ah ! Marceline !...

MARCELINE, *assise, ouvrant de grands bras*. – Eh ! arrive donc, toi !

LUCETTE (1)[4]. – De l'antipyrine[5] ! vite un cachet !

---

1. Minaudant : prenant des manières affectées pour plaire, pour séduire.
2. Toquée : follement éprise.
3. Remonte : se dirige du devant vers le fond de la scène.
4. Mentionnés après le nom des personnages, les numéros (1), (2), (3), etc., indiquent la place que l'auteur leur assigne : plus le chiffre est petit, plus le personnage est proche du public.
5. Antipyrine : médicament utilisé pour soulager la douleur et la fièvre.

MARCELINE (2), *se levant.* – Un cachet, pourquoi ? Tu es malade ?

LUCETTE, *radieuse.* – Moi ! oh ! non, moi je suis bien heureuse ! Non ! pour lui ! il a la migraine ! *(Elle s'assied à droite de la table.)*

MARCELINE. – Qui, lui ?

LUCETTE, *même jeu.* – Fernand ! il est revenu !

MARCELINE. – Monsieur de Bois-d'Enghien ! non ?

LUCETTE. – Si !

MARCELINE, *à Firmin, tout en remontant au chiffonnier dont elle ouvre un tiroir.* – Ah ! Firmin, monsieur de Bois-d'Enghien qui est revenu !

FIRMIN, *une assiette qu'il essuie, à la main, descendant à Lucette.* – Monsieur de Bois-d'Enghien, pas possible ! ah ! bien, j'espère, Madame doit être contente ?

LUCETTE (1), *se levant.* – Si je suis contente ! oh ! vous le pensez ! *(Firmin remonte.) (À Marceline qui redescend avec une petite boîte à la main.)* Tu juges de mon émotion quand je l'ai vu revenir hier au soir ! *(Prenant l'antipyrine que lui remet Marceline.)* Merci ! *(Changeant de ton.)* Figure-toi, le pauvre garçon, pendant que je l'accusais, il avait une syncope[1] qui lui a duré quinze jours ! *(Elle descend à gauche.)*

MARCELINE. – Non ?… oh ! c'est affreux ! *(Elle remonte un peu à droite.)*

LUCETTE, *remontant entre la table et la console.* – Oh ! ne m'en parle pas ! s'il n'en était pas revenu, le pauvre chéri… il est si beau ! *(À Firmin qui est occupé dans la salle à manger.)* Vous avez remarqué, n'est-ce pas, Firmin ?

FIRMIN, *qui n'est pas du tout à la conversation, redescend un peu.* – Quoi donc, madame ?

LUCETTE. – Comme il est beau, monsieur de Bois-d'Enghien !

FIRMIN, *sans conviction.* – Ah ! oui.

---

1. *Syncope* : arrêt ou ralentissement brutal du cœur, marqué par une suspension de la respiration et une perte de conscience.

■ Croquis du costume de Lucette par Vanessa Sannino pour la mise en scène de Jérôme Deschamps à la Comédie-Française (2010).

LUCETTE, *avec expansion*[1]. – Ah ! je l'adore !

VOIX DE BOIS-D'ENGHIEN. – Lucette !

LUCETTE. – Tiens, c'est lui !… c'est lui qui m'appelle. *(À Marceline.)* Tu reconnais sa voix ? *(Elle remonte.)*

MARCELINE. – Si je la reconnais !

LUCETTE, *sur le pas de la porte de gauche*. – Voilà, mon chéri !

MARCELINE, *remontant dans la direction de la chambre*. – On peut le voir ?

LUCETTE. – Oui… oui… *(Sur le pas de la porte, parlant à la cantonade*[2] *à Bois-d'Enghien.)* C'est Marceline qui vient te dire bonjour !

VOIX DE BOIS-D'ENGHIEN. – Ah ! bonjour, Marceline !

MARCELINE, *devant la cheminée*. – Bonjour, monsieur Fernand !

FIRMIN, *derrière Marceline*. – Ça va bien, monsieur Fernand ?

VOIX DE BOIS-D'ENGHIEN. – C'est vous, Firmin ?… Mais pas mal… un peu de migraine seulement.

MARCELINE ET FIRMIN. – Ah ! tant pis ! tant pis !

LUCETTE, *entrant dans la chambre*. – Allons, apprête-toi, parce que l'on va déjeuner. *(Elle disparaît.)*

On sonne.

MARCELINE. – Tiens, on sonne !

FIRMIN, *il sort par la porte du fond droit*. – Je vais ouvrir.

MARCELINE, *redescendant*. – Non, ils me feront mourir d'inanition[3] !

---

1. *Expansion* : effusion.
2. *À la cantonade* : parlant fort, comme pour s'adresser à une personne dans les coulisses.
3. *D'inanition* : de faim.

Scène 3

Les mêmes, De Chenneviette

FIRMIN, *du fond, à Marceline.* – C'est monsieur de Chenneviette ! *(À Chenneviette, descendant avec lui.)* Et monsieur vient déjeuner ?
DE CHENNEVIETTE. – Oui, Firmin, oui.
FIRMIN, *à part, avec un léger sardonisme*[1]. – Naturellement !
5 DE CHENNEVIETTE, *sans aller à elle.* – Bonjour, Marceline.
MARCELINE, *maussade*[2]. – Bonjour.
FIRMIN (2). – Et monsieur ne sait pas la nouvelle ?… Il est revenu !
DE CHENNEVIETTE (3). – Qui ?
MARCELINE (1). – Monsieur de Bois-d'Enghien !
10 DE CHENNEVIETTE. – Non ?
FIRMIN. – Hier soir ! parfaitement !
DE CHENNEVIETTE, *haussant les épaules.* – C'est à se tordre !
FIRMIN. – N'est-ce pas, monsieur ! Mais je vais dire à madame que monsieur est là.
15 DE CHENNEVIETTE. – Quel tas de girouettes[3] !
FIRMIN, *frappant à la porte de Lucette, pendant que Marceline va causer avec Chenneviette.* – Madame !
VOIX DE LUCETTE. – Quoi ?
FIRMIN. – C'est monsieur !
20 VOIX DE LUCETTE. – Monsieur qui ?
FIRMIN, *d'une traite, comme il ferait une annonce.* – Monsieur le père de l'enfant de madame.

---

1. *Avec un léger sardonisme* : sur un ton légèrement froid et moqueur.
2. *Maussade* : d'humeur sombre.
3. *Girouettes* : au sens propre, plaques mobiles fixées sur un axe, qui indiquent la direction du vent. Au sens figuré, personnes qui changent souvent d'avis.

Voix de Lucette. – Ah ! bon, je viens !

Firmin, *à Chenneviette, sans descendre.* – Madame vient.

De Chenneviette. – Bon, merci ! *(Firmin remonte dans la salle à manger, à Marceline.)* Comment, il est revenu ? Et naturellement ça a repiqué[1] de plus belle !

Marceline. – Dame !... *(Indiquant d'un clignement d'œil significatif la chambre à coucher de Lucette.)* Ça m'en a tout l'air !

De Chenneviette, *s'asseyant sur le canapé.* – Ah ! ma pauvre Lucette, quand elle cessera d'être une femme à toquades[2]... ! Mon Dieu, son Bois-d'Enghien, c'est un charmant garçon, je n'y contredis pas, mais enfin, quoi ? ce n'est pas une situation pour elle... il n'a plus le sou !

Marceline (2). – Oui, oh ! je sais bien !... mais ça, Lucette vous le dira. *(Confidentiellement.)* Il paraît que quand on aime, eh bien ! un garçon qui n'a plus le sou, c'est encore meilleur !

De Chenneviette (1), *railleur*[3]. – Ah ?

Marceline, *vivement.* – Moi, je ne sais pas, je suis jeune fille[4]. *(Elle s'assied à droite de la table.)*

De Chenneviette, *s'inclinant d'un air moqueur.* – C'est évident ! *(Revenant à son idée.)* Eh bien ! et le rastaquouère[5], alors ?

Marceline. – Qui ? le général Irrigua ? Dame, il me paraît remis aux calendes grecques[6] !

De Chenneviette, *se levant.* – C'est malin ! Elle a la chance de trouver un homme colossalement riche... qui se consume d'amour pour elle ! un général ! je sais bien qu'il est d'un

---

1. *Repiqué* : repris.
2. *Femme à toquades* : femme qui agit de manière impulsive, selon ses envies.
3. *Railleur* : moqueur.
4. *Jeune fille* : vierge.
5. *Rastaquouère* : voir note 1, p. 25.
6. *Aux calendes grecques* : à un moment qui n'arrivera jamais (le mot «calendes» désigne le premier jour de chaque mois chez les Romains, mais n'existe pas chez les Grecs).

pays où tout le monde est général. Mais ça n'est pas une raison !...

50 MARCELINE, *surenchérissant. – Elle se lève.* – Et d'un galant ! avant-hier, au café-concert, quand il a su que j'étais la sœur de ma sœur, il s'est fait présenter à moi et il m'a comblée de bonbons !

DE CHENNEVIETTE. – Vous voyez donc bien !... Enfin, hier, elle
55 était raisonnable ; c'était définitivement fini avec Bois-d'Enghien, elle avait consenti à répondre au millionnaire, pour lui fixer une entrevue pour aujourd'hui, et alors... parce que ce joli cœur est revenu, quoi ? ça va en rester là ?

MARCELINE. – Ma foi, ça m'en a tout l'air !

60 DE CHENNEVIETTE. – C'est ridicule !... enfin, ça la regarde ! *(Il gagne la droite. On sonne.)*

MARCELINE. – Qui est-ce qui vient là, encore ?

Scène 4

LES MÊMES, FIRMIN, NINI GALANT,
puis LUCETTE, *puis* BOIS-D'ENGHIEN

FIRMIN. – Entrez, mademoiselle.
TOUS. – Nini Galant !
NINI, *du fond*. – Moi-même ! ça va bien tout le monde ? *(Elle dépose son en-tout-cas[1] contre le canapé, près de la chaise et descend.)*
5 MARCELINE (1) ET CHENNEVIETTE (4). – Mais pas mal.
FIRMIN (2). – Et mademoiselle sait la nouvelle ?
NINI (3). – Non, quoi donc ?

---

1. *En-tout-cas* : ombrelle de grande dimension, protégeant de la pluie comme du soleil.

TOUS. – Il est revenu !

NINI. – Qui ?

10 TOUS. – Monsieur de Bois-d'Enghien.

NINI. – Non ? Pas possible ?

LUCETTE, *sortant de la chambre et allant serrer la main successivement à Nini et à Chenneviette, elle se trouve placée entre eux deux. Firmin remonte.* – Tiens, Nini ! *(À Chenneviette.)* Bonjour Gontran…
15   Ah ! mes amis, vous savez la nouvelle ?

NINI. – Oui, c'est ce qu'on me dit : ton Fernand est revenu !

LUCETTE. – Oui, hein ! crois-tu ? ma chère !

NINI. – Ah ! je suis bien contente pour toi ! Et… il est là ?

LUCETTE. – Mais oui, attends, je vais l'appeler… *(Allant à la porte*
20   *de gauche et appelant.)* Fernand, c'est Nini… Quoi ?… Oh ! bien ! c'est bon ! viens comme ça, on te connaît ! *(Aux autres.)* Le voici ! *(Tout le monde se range en ligne de façon à former la haie à l'entrée de Bois-d'Enghien.)*

Bois-d'Enghien paraît, enveloppé dans un grand peignoir
25   *rayé, serré par une cordelière à la taille. Il tient à la main une brosse avec laquelle il achève de se coiffer. Il passe au-dessus de la table et gagne le centre entre Firmin et Lucette.*

TOUS. – Ah ! hip ! hip ! hip ! hurrah !

30 BOIS-D'ENGHIEN, *saluant.* – Ah ! Mesdames… Messieurs…

On redescend. (Tout ce qui suit doit être dit très rapidement, presque l'un sur l'autre, jusqu'à « Enfin, il est revenu ! »)

NINI (4). – Le revoilà donc, l'amant prodigue[1] !

35 BOIS-D'ENGHIEN (3). – Hein !… oui, je…

---

1. Prodigue : celui que l'on accueille avec joie à son retour au foyer, par allusion à la parabole du retour de l'enfant prodigue dans le Nouveau Testament. L'adjectif signifie aussi « dépensier » ; ce sens convient également à Bois-d'Enghien.

MARCELINE (1). – Le vilain, qui voulait se faire désirer !
BOIS-D'ENGHIEN, *protestant*. – Oh ! pouvez-vous croire… ?
DE CHENNEVIETTE (5). – Oh ! bien, je suis bien content de vous revoir !
BOIS-D'ENGHIEN. – Vous êtes bien aimable !
FIRMIN (2). – On peut dire que madame s'est fait des cheveux[1] pendant l'absence de monsieur.
BOIS-D'ENGHIEN, *serrant la main à tous*. – Ah ! vraiment, elle… ?
TOUS. – Enfin, il est revenu !
BOIS-D'ENGHIEN, *souriant*. – Il est revenu, mon Dieu, oui ; il est revenu… *(À part, gagnant la gauche en se passant piteusement la brosse dans les cheveux.)* Allons, ça va bien ! ça va très bien ! Moi qui étais venu pour rompre !… ça va très bien. *(Il s'assied à droite de la table.)*

Firmin sort, Marceline est remontée, Lucette s'est assise sur le canapé, à côté et à droite de Nini. Chenneviette est debout derrière le canapé.

LUCETTE, *à Nini*. – Et tu viens déjeuner, n'est-ce pas ?
NINI. – Non, mon petit… je suis justement venue pour te prévenir ! Je ne peux pas !
LUCETTE. – Tu ne peux pas ?
MARCELINE, *pressée de déjeuner*. – Ah ! bien, je vais dire à Firmin qu'il enlève votre couvert !
LUCETTE. – Et qu'il mette les œufs.
MARCELINE. – Oh ! oui !… oh ! oui… les œufs !… *(Elle sort par le fond.)*
LUCETTE. – Et pourquoi ne peux-tu pas ?
NINI. – Parce que j'ai d'un à faire[2]… Au fait, il faut que je t'annonce la grande nouvelle ; car moi aussi j'ai ma grrrande nouvelle : je me marie, ma chère !

---

1. *S'est fait des cheveux* : s'est inquiétée.
2. *D'un à faire* : tellement à faire.

LUCETTE ET DE CHENNEVIETTE. – Toi ?

BOIS-D'ENGHIEN. – Vous ? *(À part.)* Elle aussi ?

NINI. – Moi-même, tout comme une héritière du Marais[1].

LUCETTE. – Mes compliments.

DE CHENNEVIETTE, *qui a gagné le milieu de la scène (2), au-dessus du canapé.* – Et quel est le… brave ?

NINI. – Mon amant, tiens !

DE CHENNEVIETTE, *moqueur.* – Il est ton amant et il t'épouse ! mais qu'est-ce qu'il cherche donc ?

NINI. – Comment, « ce qu'il cherche » ! Je vous trouve impertinent !

LUCETTE. – Pardon, quel amant, donc ?

NINI. – Mais je n'en ai pas plusieurs… de sérieux s'entend. Le seul, l'unique ! le duc de la Courtille ! je deviens duchesse de la Courtille[2] !

LUCETTE. – Rien que ça !

DE CHENNEVIETTE. – C'est superbe !

LUCETTE. – Ah ! bien ! je suis bien heureuse pour toi !

BOIS-D'ENGHIEN, *qui pendant ce qui précède parcourt* Le Figaro *qu'il a près de lui sur la table, bondissant tout à coup et à part.* – Sapristi ! mon mariage qui est annoncé dans *Le Figaro* ! *(Il froisse le journal, le met en boule et le fourre contre sa poitrine par l'entrebâillement de son peignoir.)*

LUCETTE, *qui a vu le jeu de scène ainsi que tout le monde, courant à lui.* – Eh bien ! qu'est-ce qui te prend ?

BOIS-D'ENGHIEN. – Rien ! rien ! c'est nerveux !

LUCETTE. – Mon pauvre Fernand, tu ne vas pas encore être malade !

BOIS-D'ENGHIEN. – Non ! non ! *(À part, pendant que Lucette rassurée retourne à la place qu'elle vient de quitter et raconte à mi-voix à Nini*

---

1. *Marais* : quartier riche de Paris.
2. *Courtille* : le nom de la duchesse évoque le peu de sérieux de sa nouvelle condition. La « courtille » désignait un ensemble de cabarets et de guinguettes.

que Bois-d'Enghien a été malade.) Merci ! lui flanquer comme ça mon mariage dans l'estomac, sans l'avoir préparée.

DE CHENNEVIETTE (2). – Ah ! à propos de journal, tu as vu l'aimable article que l'on a fait sur toi dans *Le Figaro* de ce matin.

100 LUCETTE (3). – Non.

DE CHENNEVIETTE. – Oh ! excellent ! Justement j'ai pensé à te l'apporter ! *(Il tire de sa poche un Figaro, qu'il déploie tout grand.)*

BOIS-D'ENGHIEN, *anxieux*. – Hein !

DE CHENNEVIETTE. – Tiens, si tu veux le lire.

105 BOIS-D'ENGHIEN, *se précipitant sur le journal et l'arrachant des mains de Chenneviette*. – Non, pas maintenant, pas maintenant ! *(Il fait subir au journal le même sort qu'au premier.)*

TOUS. – Comment ?

BOIS-D'ENGHIEN. – Non, on va déjeuner ; maintenant, ce n'est pas
110 le moment de lire les journaux.

DE CHENNEVIETTE. – Mais qu'est-ce qu'il a ?

Scène 5

LES MÊMES, MARCELINE

MARCELINE, *paraissant au fond*. – C'est prêt ; on va servir tout de suite.

BOIS-D'ENGHIEN. – Là vous voyez bien ! on va servir !

DE CHENNEVIETTE. – Positivement, il a quelque chose !

5 *On sonne.*

BOIS-D'ENGHIEN, *gagnant la porte de la chambre de gauche*. – Vous m'attendez, je vais achever de m'habiller ! *(À part, au moment de partir.)* Ma foi, j'aborderai la question de rupture après le déjeuner ! *(Il sort, en emportant sa brosse.)*

Scène 6

Les mêmes, *puis* Ignace de Fontanet

Firmin, *venant du vestibule.* – Madame, c'est monsieur Ignace de Fontanet !

Lucette. – Lui ! c'est vrai, je n'y pensais plus ! Vous mettrez son couvert… faites entrer. *(Elle se lève et gagne la gauche.)*

Nini, *allant à elle.* – Comment ! tu as de Fontanet à déjeuner ? *(Riant.)* Oh ! je te plains !

Lucette. – Pourquoi ?

Nini, *riant, mais bonne enfant, sans méchanceté.* – Oh ! il sent si mauvais !

Lucette, *riant aussi.* – Ça, c'est vrai, il ne sent pas bien bon, mais c'est un si brave garçon !… En voilà un qui ne ferait pas de mal à une mouche !

De Chenneviette, *à droite, riant aussi.* – Oui !… ça encore, ça dépend de la distance à laquelle il lui parle.

Nini, *riant.* – Oui.

Lucette, *passant au 2 pour aller au-devant de Fontanet.* – Que vous êtes mauvais !

> *Pendant ce qui précède, par la porte du vestibule, laissée ouverte, on a vu Fontanet occupé à enlever son paletot[1], aidé par Firmin.*

De Fontanet, *entrant.* – Ah ! ma chère divette[2], combien je suis aise de vous baiser la main !…

Lucette, *indiquant Nini.* – Justement, Nini nous parlait de vous.

---

1. Paletot : manteau assez court, boutonné devant.
2. Divette : petite chanteuse de café-concert, par opposition aux « divas » de l'opéra.

DE FONTANET, *s'inclinant, flatté.* – Ah ! c'est bien aimable ! *(À Lucette.)* Vous voyez, c'est imprudent de m'avoir invité, car je prends toujours les gens au mot !

LUCETTE. – Mais j'y comptais bien !

> *Nini est assise à gauche de la table. Marceline debout, au-dessus, cause avec elle.*

DE FONTANET, *serrant la main à Chenneviette.* – *(À Lucette.)* Eh bien ! ma chère amie, j'espère que vous avez été contente du brillant article du *Figaro* ?

LUCETTE. – Mais je ne sais pas. Figurez-vous que je ne l'ai pas lu.

DE FONTANET, *tirant un* Figaro *de sa poche.* – Comment ! Oh ! bien, heureusement que j'ai eu la bonne idée de l'apporter.

LUCETTE. – Voyons ?

DE FONTANET, *dépliant le journal.* – Tenez, là !

Scène 7

LES MÊMES, BOIS-D'ENGHIEN, *puis* FIRMIN

BOIS-D'ENGHIEN. – Là ! je suis prêt ! *(Regardant le journal.)* Allons, bon, encore un ! *(Il se précipite entre Lucette et Fontanet et arrache le journal des mains de ce dernier.)* Donnez-moi ça !... donnez-moi ça !

TOUS. – Encore !

DE FONTANET (5), *ahuri.* – Eh bien ! qu'est-ce que c'est ?

BOIS-D'ENGHIEN (4). – Non, ce n'est pas le moment de lire les journaux ! On va déjeuner ! On va déjeuner ! *(Il roule le journal en boule.)*

LUCETTE (3). – Oh ! mais voyons, c'est ennuyeux, puisqu'il y a un article sur moi !

BOIS-D'ENGHIEN, *fourrant le journal dans sa poche.* – Eh bien ! je le range, là, je le range ! *(À part.)* Non, mais tire-t-il[1], ce journal !… tire-t-il !

DE FONTANET, *presque sur un ton de provocation.* – Mais enfin, monsieur !

BOIS-D'ENGHIEN, *même jeu.* – Monsieur ?…

LUCETTE (3), *vivement.* – Ne faites pas attention ! *(Présentant.)* Monsieur de Fontanet, un de mes amis ; Monsieur de Bois-d'Enghien, mon ami. *(Elle appuie sur le mot « mon ».)*

DE FONTANET (5), *interloqué*[2], *saluant.* – Ah ! ah ! enchanté, monsieur !

BOIS-D'ENGHIEN (4). – Moi de même, monsieur ! *(Ils se serrent la main.)*

DE FONTANET. – Je ne saurais trop vous féliciter. Je suis moi-même un adorateur platonique[3] de madame Lucette Gautier, dont la grâce autant que le talent… *(Voyant Bois-d'Enghien qui hume l'air depuis un instant.)* Qu'est-ce que vous avez ?

BOIS-D'ENGHIEN. – Rien. *(Bien ingénument*[4].*)* Vous ne trouvez pas que ça sent mauvais ici ?

> *Chenneviette, Lucette, Marceline et Nini ont peine à retenir leur rire.*

DE FONTANET, *reniflant.* – Ici ? non !… Maintenant, vous savez, ça se peut très bien, parce que, je ne sais pas comment ça se fait, l'on me dit ça souvent et je ne sens jamais. *(Il s'assied sur le canapé et cause avec Chenneviette debout derrière le canapé.)*

LUCETTE, *vivement et bas à Bois-d'Enghien.* – Mais tais-toi donc, voyons, c'est lui !

---

1. *Tire-t-il* : comme on l'imprime en de nombreux exemplaires !
2. *Interloqué* : étonné.
3. *Platonique* : qui aime d'un amour pur, chaste et, ici, qui n'est pas aimé en retour.
4. *Ingénument* : innocemment.

BOIS-D'ENGHIEN. – Hein !… ah ! c'est… ? *(Allant à Fontanet, et étourdiment.)* Je vous demande pardon, je ne savais pas !

DE FONTANET. – Quoi ?

BOIS-D'ENGHIEN. – Euh !… Rien ! *(À part, redescendant un peu.)* Pristi, qu'il ne sent pas bon ! *(Il remonte.)*

FIRMIN, *du fond*. – Madame est servie !

LUCETTE. – Ah ! à table, mes amis !

MARCELINE, *se précipitant la première*. – Ah ! ce n'est pas trop tôt. *(Elle entre dans la salle à manger. Bois-d'Enghien la regarde passer en riant.)*

NINI. – Allons, ma chère amie, moi, je me sauve !

LUCETTE, *l'accompagnant*. – Alors, sérieusement, tu ne veux pas ?

NINI, *prenant l'en-tout-cas qu'elle a déposé contre le canapé*. – Non, non, sérieusement…

LUCETTE, *pendant que Nini serre la main à Fontanet et à Chenneviette.* – Je n'insiste pas ! J'espère que quand tu seras duchesse de la Courtille, ça ne t'empêchera pas de venir quelquefois me voir.

NINI, *naïvement*. – Mais, au contraire, ma chérie, il me semblera que je m'encanaille[1].

LUCETTE, *s'inclinant*. – Charmant ! *(Tout le monde rit.)*

NINI, *interloquée, mais riant avec les autres*. – Oh ! ce n'est pas ce que j'ai voulu dire !

MARCELINE, *reparaissant à la porte de la salle à manger, la bouche pleine*. – Eh bien ! vient-on ?

LUCETTE. – Voilà ! *(À Nini, qu'elle a accompagnée jusqu'à la porte du vestibule.)* Au revoir !

NINI. – Au revoir ! *(Elle sort.)*

DE CHENNEVIETTE, *assis sur le tabouret du piano*. – Eh bien ! mais… la voilà duchesse de la Courtille !

LUCETTE. – Ah ! bah ! ça fera peut-être une petite dame de moins, ça ne fera pas une grande dame de plus.

DE FONTANET. – Ça, c'est vrai !

---

1. *Je m'encanaille* : je fréquente des gens vulgaires, aux mœurs douteuses.

LUCETTE. – Allons déjeuner ! *(Bois-d'Enghien entre dans la salle à manger. À Fontanet qui s'efface devant elle.)* Passez !

DE FONTANET. – Pardon ! *(Il entre dans la salle à manger.)*

LUCETTE (1), *à Chenneviette qui est resté rêveur au-dessus du canapé.* – Eh bien ! toi, tu ne viens pas ?

DE CHENNEVIETTE (2), *embarrassé.* – Si !… seulement j'ai… j'ai un mot à te dire. *(Il redescend.)*

LUCETTE, *redescendant.* – Quoi donc ?

DE CHENNEVIETTE, *même jeu.* – C'est pour la pension du petit. Le trimestre est échu[1]…

LUCETTE, *simplement.* – Ah ! bon, je te remettrai ce qu'il faut après déjeuner !

DE CHENNEVIETTE, *riant pour se donner une contenance*[2]. – Je suis désolé d'avoir à te demander ; je… je voudrais pouvoir subvenir, mais les affaires vont si mal !

LUCETTE, *bonne enfant.* – Oui, c'est bon ! *(Elle fait le mouvement de remonter, puis redescendant.)* Ah ! seulement, tâche de ne pas aller, comme la dernière fois, perdre la pension de ton fils aux courses[3].

DE CHENNEVIETTE, *comme un enfant gâté.* – Oh ! tu me reproches ça tout le temps !… Comprends donc que si j'ai perdu la dernière fois, c'est qu'il s'agissait d'un tuyau[4] exceptionnel !

LUCETTE. – Ah ! oui, il est joli, le tuyau !

DE CHENNEVIETTE. – Mais absolument ! c'est le propriétaire lui-même qui m'avait dit, sous le sceau du secret : « Mon cheval est favori, mais ne le joue pas ! c'est entendu avec mon jockey… il doit le tirer[5] ! »

LUCETTE. – Eh bien ?

---

1. *Est échu* : touche à sa fin.
2. *Pour se donner une contenance* : pour dissimuler son embarras.
3. *Courses* : courses hippiques, très en vogue à l'époque.
4. *Tuyau* : information confidentielle.
5. *Le tirer* : le retenir.

DE CHENNEVIETTE. – Eh bien ! il ne l'a pas tiré !… et le cheval a gagné… *(Avec la plus entière conviction.)* Qu'est-ce que tu veux, ce n'est pas ma faute si son jockey est un voleur !

FIRMIN, *paraissant au fond.* – Mademoiselle Marceline fait demander à madame et à monsieur de venir déjeuner.

LUCETTE, *impatientée.* – Oh ! mais oui ! qu'elle mange, mon Dieu ! qu'elle mange ! *(Firmin sort.)* Allons, viens, ayons égard à la gastralgie[1] de ma sœur ! *(On sonne.)* Vite, voilà du monde !

Ils entrent dans la salle à manger où ils sont accueillis par un « Ah ! » de satisfaction. Ils referment la porte sur eux.

Scène 8

FIRMIN, MADAME DUVERGER, *puis* BOUZIN

FIRMIN, *à madame Duverger qui le précède.* – C'est que madame est en train de déjeuner et elle a du monde.

MADAME DUVERGER, *contrariée.* – Oh ! combien je regrette ! mais il faut absolument que je la voie, c'est pour une affaire qui ne peut être différée[2].

FIRMIN. – Enfin, madame, je vais toujours demander… Qui dois-je annoncer ?

MADAME DUVERGER. – Oh ! Madame Gautier ne me connaît pas… Dites tout simplement que c'est une dame qui vient lui demander le concours de son talent pour une soirée qu'elle donne[3].

---

1. *Gastralgie* : douleur vive, localisée au niveau de l'estomac.
2. *Différée* : reportée.
3. À l'époque, dans les milieux aisés, la pratique était courante de faire venir une chanteuse lors d'une réception.

FIRMIN. – Parfaitement, madame ! *(Il indique le siège de droite de la table et va pour entrer dans la salle à manger. On sonne. Il rebrousse chemin et se dirige vers la porte du fond, à droite.)* Je vous demande pardon un instant.

MADAME DUVERGER *s'assied, regarde un peu autour d'elle, puis histoire de passer le temps, elle entrouvre un* Figaro *qu'elle a apporté, le dépliant à peine comme une personne qui n'a pas l'intention de s'installer pour une lecture. Après un temps.* – Tiens, c'est vrai, le mariage de ma fille avec monsieur de Bois-d'Enghien, c'est annoncé, on m'avait bien dit !... *(Elle continue de lire à voix basse avec des hochements de tête de satisfaction.)*

BOUZIN (3), *à Firmin qui l'introduit*. – Enfin, voyez toujours, si on peut me recevoir... Bouzin, vous vous rappellerez !

FIRMIN (2). – Oui, oui !

BOUZIN (2). – Pour la chanson : « Moi, j' piqu' des épingues ! »

FIRMIN. – Oui, oui !... Si monsieur veut entrer ? il y a déjà madame qui attend.

BOUZIN. – Ah ! parfaitement ! *(Il salue madame Duverger qui a levé les yeux et rend le salut. Sonnerie différente des précédentes.)*

FIRMIN, *à part*. – Allons bon, voilà qu'on sonne à la cuisine, je ne pourrai jamais les annoncer. *(Il sort par le fond droit. Madame Duverger a repris sa lecture. Bouzin, après avoir déposé son parapluie dans le coin du piano, s'assied sur la chaise qui est à côté du canapé. Moment de silence.)*

BOUZIN *promène les yeux à droite, à gauche. Son regard s'arrête sur le journal que lit madame Duverger, il tend le cou pour mieux voir, puis, se levant et s'approchant d'elle*. – C'est... *Le Figaro* que madame lit ?

MADAME DUVERGER, *levant la tête*. – Pardon ?

BOUZIN, *aimable*. – Je dis : « C'est... c'est *Le Figaro* que madame lit ? »

MADAME DUVERGER, *étonnée*. – Oui, monsieur. *(Elle se remet à lire.)*

BOUZIN. – Journal bien fait !

■ Croquis du costume de Bouzin par Vanessa Sannino pour la mise en scène de Jérôme Deschamps à la Comédie-Française (2010).

MADAME DUVERGER, *indifférente avec un léger salut.* – Ah ? *(Même jeu.)*

BOUZIN, *revenant à la charge.* – Journal très bien fait !… il y a justement, à la quatrième page, une nouvelle… je ne sais pas si vous l'avez lue ?

MADAME DUVERGER, *légèrement railleuse.* – Non, monsieur, non.

BOUZIN. – Non ?… pardon, voulez-vous me permettre ? *(Il prend le journal qu'il déplie sous le regard étonné de madame Duverger.)* Voilà, au courrier des théâtres, c'est assez intéressant ; voilà : « Tous les soirs, à l'Alcazar[1], grand succès pour mademoiselle Maya dans sa chanson : "Il m'a fait du pied, du pied, du pied… il m'a fait du pied de cochon, truffé[2]." » *(À madame Duverger, d'un air plein de satisfaction, en lui tendant le journal.)* Tenez, madame, si vous voulez voir par vous-même.

MADAME DUVERGER, *prenant le journal.* – Mais pardon, monsieur, qu'est-ce que vous voulez que ça me fasse que mademoiselle je ne sais pas comment chante, qu'on lui a fait du pied, du pied, du pied de cochon, truffé ?

BOUZIN. – Comment ?…

MADAME DUVERGER. – Ça doit être quelque stupidité !

BOUZIN. – Oh ! ça non !

MADAME DUVERGER *avec doute.* – Oh !

BOUZIN, *très simplement.* – Non… c'est de moi !

MADAME DUVERGER. – Hein ?… Oh ! pardon, monsieur ! J'ignorais que vous fussiez littérateur[3] !

BOUZIN. – Littérateur par vocation ! mais clerc[4] de notaire par état.

Firmin reparaît, portant un superbe bouquet.

---

1. L'*Alcazar* était une salle très en vogue située dans le jardin des Champs-Élysées, où se produisaient de nombreux chanteurs.
2. Pastiche des chansons assez bêtes qu'on entendait souvent au café-concert.
3. *Littérateur* : écrivain.
4. *Clerc* : employé.

BOUZIN ET MADAME DUVERGER, *à Firmin.* – Eh bien ?
FIRMIN, *au-dessus du canapé.* – Je n'ai pas encore pu voir madame,
on avait sonné à la cuisine pour ce bouquet.
MADAME DUVERGER. – Ah ? *(Elle reprend sa lecture.)*
BOUZIN, *indiquant le bouquet.* – Mâtin[1] ! il est beau ! vous en recevez beaucoup comme ça ?
FIRMIN, *simplement.* – Nous en recevons beaucoup, oui, monsieur.
BOUZIN. – C'est au moins Rothschild[2] qui envoie ça ?
FIRMIN, *avec indifférence.* – Je ne sais pas, monsieur, il n'y a pas de carte : c'est un bouquet anonyme. *(Il va déposer le bouquet sur le piano.)*
BOUZIN. – Anonyme ? Non, il y a des gens assez bêtes pour faire ça !
MADAME DUVERGER, *à Firmin.* – Si vous alliez annoncer, maître d'hôtel ?
FIRMIN, *il remonte comme pour entrer dans la salle à manger.* – C'est juste, madame !
BOUZIN, *courant à lui et au 3.* – Ah ! oui, vous vous rappellerez mon nom ?
FIRMIN (2). – Oui, oui, « monsieur Bassin ! »
BOUZIN. – Non, « Bouzin ! »
FIRMIN. – Euh ! « Bouzin » parfaitement !
BOUZIN, *posant son chapeau sur la chaise près du canapé.* – Attendez, je vais vous donner ma carte. *(Il cherche une de ses cartes.)*
FIRMIN. – Non, c'est inutile, « Bouzin », je me souviendrai, pour la chanson : « Moi j'pique des épingues ! »
BOUZIN. – Parfaitement ! *(Firmin sort par la porte du fond à droite, Bouzin le poursuivant presque jusqu'à la porte.)* Mais je vous assure qu'avec ma carte… *(Redescendant derrière le canapé, tout en remettant la carte dans son portefeuille.)* Il va écorcher mon nom,

---

1. Interjection exprimant la surprise.
2. *Rothschild* (1744-1812) : banquier très riche, gérant de la Banque de France. Par extension : toute personne fortunée.

Acte premier, scène 8 | 65

c'est évident ! *(Regardant le bouquet.)* Le beau bouquet, tout de même ! *(Il se dispose à remettre son portefeuille dans sa poche, quand une idée traverse son cerveau ; il s'assure que la baronne, qui est à sa lecture, ne le regarde pas, il retire sa carte et la fourre dans le bouquet, puis descendant.)* Après tout, puisque c'est anonyme, autant que ça profite à quelqu'un ! *(Il remet son portefeuille dans sa poche. – Moment de silence. Tout d'un coup, il se met à rire, ce qui fait lever la tête à madame Duverger.)* Non, je ris en pensant à cette chanson : « Moi je pique des épingues ! » *(Un temps. La baronne se remet à lire. Nouveau rire de Bouzin.)* Vous vous demandez sans doute ce que c'est que cette chanson : « Moi j'pique des épingues ! »

MADAME DUVERGER. – Moi ? pas du tout, monsieur ! *(Elle fait mine de reprendre sa lecture.)*

BOUZIN, *qui s'est avancé jusqu'à la baronne.* – Oh ! il n'y aurait pas d'indiscrétion ! c'est une chanson que j'ai écrite pour Lucette Gautier... Tout le monde me disait : « Pourquoi n'écrivez-vous pas une chanson pour Lucette Gautier ? »... et de fait, il est évident qu'elle sera ravie de chanter quelque chose de moi... Alors, j'ai fait ça ! *(Même jeu pour la baronne.)* Tenez, rien que le refrain pour vous donner un aperçu...

La baronne en désespoir de cause plie son journal et le pose sur la table.

Moi, j'piqu' des éping'
Dans les p'lot'[1] des femm's que j'distin' :
(Parlé.) L'air n'est pas encore fait. *(Récitant avec complaisance.)*
Chacun sa façon de se divertir,
Quand j'piqu' pas d'éping', moi, j'ai pas d'plaisir !

Il rit d'un air enchanté.

MADAME DUVERGER, *approbative par complaisance*[2]. – Aah !

---

1. *P'lot'* : pelotes.
2. Chez Bouzin, la **complaisance** est de la satisfaction ; chez madame Duverger, c'est de la courtoisie.

BOUZIN, *quêtant un compliment.* – Quoi ?
MADAME DUVERGER, *même jeu, ne sachant que dire.* – Ah ! oui !
135 BOUZIN. – N'est-ce pas ? *(Après un temps.)* Mon Dieu, je ne dirai pas que c'est pour les jeunes filles.
MADAME DUVERGER. – Ah ?
BOUZIN. – Et encore les jeunes filles, il faut bien se dire ceci : à celles qui ne comprennent pas, ça ne leur apprend pas grand-
140 chose, et à celles qui comprennent, ça ne leur apprend rien du tout.
MADAME DUVERGER. – C'est évident !
BOUZIN, *brusquement, après un temps pendant lequel il considère la baronne.* – Je vous demande pardon, madame, de mon indis-
145 crétion, mais votre visage ne m'est pas inconnu… Est-ce que ce n'est pas vous qui chantez à l'Eldorado[1] : « C'est moi qui suis le drapeau de la France[2] » ?
MADAME DUVERGER, *réprimant une envie de rire et tout en se levant.* – Non, monsieur, non ! je ne suis pas artiste… *(Se présentant.)*
150 Baronne Duverger…
BOUZIN. – Ah ? ça n'est pas ça, alors !

> *Il s'incline et remonte. Au même moment, Firmin revient de la salle à manger, un papier plié en long à la main.*

Scène 9

LES MÊMES, FIRMIN

BOUZIN, *anxieux, allant à lui.* – Eh bien ?… Vous avez dit à madame Lucette Gautier, pour ma chanson ?

---
1. *L'Eldorado* était l'un des cafés-concerts les plus célèbres de l'époque.
2. Allusion à la vogue que connaissaient alors les chansons patriotiques.

Firmin (2). – Oui, monsieur.

Bouzin (3). – Qu'est-ce qu'elle a dit ?

Firmin. – Elle a dit qu'elle était stupide et que je vous la rende.

Bouzin, *changeant de figure et sèchement.* – Ah ?

Firmin. – Voilà, monsieur. *(Il lui remet la chanson.)*

Bouzin, *vexé.* – C'est très bien ! D'ailleurs, ça ne m'étonne pas, pour une fois que ça sort de son genre ordinaire.

Firmin, *amicalement, descendant un peu.* – Écoutez, mon cher ! *(Bouzin, qui a pris son chapeau sur la chaise, descend un peu.)* Une autre fois, avant d'entreprendre un travail pour madame, venez donc en causer avec moi d'abord.

Bouzin, *avec dédain.* – Avec vous ?

Firmin. – Oui ! vous comprenez : je suis habitué à voir ce qu'on fait pour elle, je sais ce qu'il lui faut.

Bouzin, *dédaigneux.* – Je vous remercie bien ! mais je travaille toujours sans collaborateur… *(Remontant.)* Je vais porter cette chanson à Yvette Guilbert[1] qui sera moins difficile, et elle a du talent au moins, elle !

Firmin. – Comme vous voudrez, monsieur. *(Il redescend.)*

Bouzin, *ronchonnant.* – Stupide, ma chanson ! Ah ! là ! là ! *(Indiquant le bouquet.)* Et moi qui !… *(Il prend le bouquet, comme pour le remplacer, remonte jusqu'au fond avec, puis se ravisant.)* Non ! *(Il repose le bouquet sur le piano, puis à Firmin.)* Bonjour[2], mon ami !

Firmin. – Bonjour, monsieur !

Sortie de Bouzin.

Madame Duverger. – Et pour moi, avez-vous… ?

Firmin. – Oui madame ; mais c'est bien ce que j'ai dit à madame, madame a du monde et elle ne peut causer d'affaires en ce moment.

---

1. *Yvette Guilbert* (1865-1944) : comédienne, puis chanteuse, très connue à l'époque, dont Toulouse-Lautrec a fait de nombreux portraits.
2. *Bonjour* : ici, au revoir.

MADAME DUVERGER, *contrariée*. – Oh ! que c'est ennuyeux !
FIRMIN. – Madame ne peut pas passer un peu plus tard ?...
MADAME DUVERGER. – Il faudra bien, c'est pour une soirée de
35   contrat[1] qui a lieu aujourd'hui même ; vous direz à madame que je repasserai dans une heure.
FIRMIN. – Oui, madame ! *(Madame Duverger remonte.)* Par ici, madame !

> *Madame Duverger sort la première, suivie de Firmin qui*
> 40   *referme la porte sur lui. Au même moment, Chenneviette*
> *passe la tête par l'entrebâillement de la salle à manger.*

Scène 10

DE CHENNEVIETTE, LUCETTE, BOIS-D'ENGHIEN, DE FONTANET

DE CHENNEVIETTE, *ouvrant la porte toute grande*. – Tout le monde est parti, nous pouvons entrer !
TOUS, *avec satisfaction*. – Ah !

> *Ils entrent, parlant tous à la fois et tenant chacun une*
> 5   *tasse de café à la main. Chenneviette va à la cheminée,*
> *Fontanet descend à gauche de la table.*

LUCETTE (4), *à Bois-d'Enghien*. – Qu'est-ce que tu as, mon chéri, on dirait que tu es triste ?
BOIS-D'ENGHIEN (3). – Moi, pas du tout ! *(À part.)* Seulement je suis
10   embêté à la perspective de rompre tout à l'heure ! *(Il va s'asseoir sur le canapé.)*

---

1. Contrat : contrat de mariage.

LUCETTE, *qui est passée derrière le canapé, l'enlaçant brusquement par le cou au moment où il va avaler une gorgée de son café.* – Tu m'aimes ?

BOIS-D'ENGHIEN. – Je t'adore ! *(À part.)* Je ne sais pas comment je vais lui faire avaler ça ! *(Lucette fait le tour et vient se mettre à genoux sur le canapé, à la droite de Bois-d'Enghien.)*

DE FONTANET, *qui est assis à gauche de la table, apercevant le bouquet et brusquement.* – Oh ! le superbe bouquet !

TOUS. – Où ça ? où ça ?

DE FONTANET, *l'indiquant.* – Là ! là !

TOUS, *regardant dans la direction.* – Oh ! superbe !

LUCETTE. – Tiens, qui est-ce qui a envoyé ça ?

DE CHENNEVIETTE, *qui est allé prendre le bouquet sur le piano, descendant avec, au milieu de la scène.* – Attends, il y a une carte ! *(Lisant.)* Camille Bouzin, officier d'Académie ! *(Il s'incline en faisant claquer sa langue en signe d'admiration railleuse.)* 132, rue des Dames !

LUCETTE, *prenant le bouquet que lui présente Chenneviette.* – Comment, c'est Bouzin ?... Oh ! vraiment, je suis touchée, le pauvre garçon, moi qui lui ai fait rendre sa chanson d'une façon si...

DE CHENNEVIETTE, *achevant.* – ... Sans façon !

LUCETTE. – Oui. *(À Fontanet.)* Vous savez, c'est l'auteur de : « Moi j'pique des épingues » dont je vous ai lu un couplet pendant le déjeuner.

DE FONTANET, *se souvenant.* – Ah ! oui ! oui !

LUCETTE, *se dirigeant avec le bouquet vers la cheminée.* – Mais aussi, c'est vrai, pourquoi est-elle aussi stupide, sa chanson ? Si seulement il y avait quelque chose à faire. *(Respirant le bouquet.)* Oh ! il embaume ! *(Subitement.)* Tiens, qu'est-ce qu'il y a donc dedans ?... un écrin ! *(Elle le tire du bouquet et met ce dernier dans un des vases de la cheminée.)*

TOUS. – Un écrin !

45 LUCETTE, *redescendant à droite de la table.* – Mais oui ! *(L'ouvrant.)* Oh ! non, c'est trop ! c'est trop ! regardez-moi ça : une bague rubis et diamants ! *(Elle met la bague à son doigt.)*
TOUS. – Oh ! qu'elle est belle !
LUCETTE, *s'asseyant tout en lisant l'adresse marquée au fond de l'écrin.*
50 – Oh ! et de chez Béchambès[1] encore !… Vraiment, je suis de plus en plus confuse !
DE CHENNEVIETTE, *au-dessus de la table.* – C'est ce Bouzin qui envoie ça ?
BOIS-D'ENGHIEN. – Ah ! çà, il est donc riche ?
55 LUCETTE. – Dame ! à le voir, je ne m'en serais jamais doutée ! Il est toujours mis[2] ! on lui donnerait deux sous !
DE CHENNEVIETTE. – Enfin, il est évident qu'il doit être riche pour faire des cadeaux pareils.
DE FONTANET. – Je dirai même plus : riche et amoureux !
60 LUCETTE, *riant.* – Vous croyez ?
BOIS-D'ENGHIEN, *qui a gagné la droite, à part.* – Tiens, tiens ! mais si on pouvait lancer ce Bouzin sur Lucette ! c'est ça qui me faciliterait ma retraite[3].

> *Pendant l'aparté de Bois-d'Enghien, Fontanet est remonté*
65 *à la cheminée.*

LUCETTE. – Mais, c'est cette chanson ! voyons ! il doit bien y avoir un moyen de l'arranger ?… avec un collaborateur qui la referait par exemple.
BOIS-D'ENGHIEN, *assis sur le canapé.* – Un tripatouilleur[4] !
70 DE FONTANET, *descendant, en traînant derrière lui le pouf sur lequel il s'assied.* – Attendez donc !… mais j'ai peut-être une idée ! pourquoi n'en ferait-il pas une chanson satirique… une chanson politique, par exemple ?

---

1. *Béchambès* : célèbre bijoutier.
2. *Il est toujours mis !* : il est habillé d'une telle manière !
3. *Retraite* : rupture.
4. *Tripatouilleur* : personne qui remanie sans scrupule un texte.

LUCETTE, *assise à droite de la table.* – Il a raison.

DE CHENNEVIETTE, *assis à gauche de la table.* – En quoi ?

LUCETTE, *à Chenneviette.* – Attends, nous allons le savoir !

DE FONTANET. – Et comme c'est simple ! au lieu de : « Moi j'pique des épingles », il met : « Moi j'touche des épingles[1] », et voilà, ça y est, ça devient d'actualité.

TOUS, *échangeant les uns avec les autres des regards approbatifs.* – Mais oui !

DE FONTANET, *avec l'importance qui donne le succès.* – Vous savez : cet homme qui « pique des épingles dans les p'lotes des femmes qu'il distingue », c'est pas drôle ! c'est pas propre !… Tandis qu'avec… un député, par exemple : « Il touche des épingles. » Eh bien ! au moins…

BOIS-D'ENGHIEN. – … C'est propre.

LUCETTE. – Excellente idée ! Il faudra que je lui soumette ça ! *(Elle se lève.)*

DE FONTANET, *se levant, en reculant un peu le pouf que Lucette va reporter à sa place devant la cheminée.* – Oh ! des idées, ce n'est pas ça qui me manque ! c'est quand il s'agit de les mettre à exécution.

BOIS-D'ENGHIEN, *qui s'est levé.* – Ah ! parbleu ; comme beaucoup de gens !

DE FONTANET. – Pourtant, une fois j'ai essayé de faire une chanson, une espèce de scie[2]… *(À Bois-d'Enghien, bien dans la figure.)* Je me rappelle, c'était intitulé : « Ah ! pffu !! »

BOIS-D'ENGHIEN, *qui a reçu le souffle en plein visage, ne peut retenir un recul de tête qu'il dissimule aussitôt dans un sourire de complaisance à Fontanet ; puis à part, gagnant la droite.* – Pff !! quelle drôle de manie ont les gens à odeur de vous parler toujours dans le nez !

---

1. « Toucher des épingles » signifie en langage familier « toucher des pots de vin ». Il faut voir ici une allusion au scandale de Panamá, dans lequel de nombreux députés furent compromis.
2. *Scie* : chanson ressassée et usée.

LUCETTE, *à Fontanet*. – Et vous en vîntes à bout ?
105 DE FONTANET, *bien modeste*. – Mon Dieu… comme je pus !
BOIS-D'ENGHIEN, *avec conviction*. – Oh ! oui !

> *Tout le monde éclate de rire.*

DE FONTANET, *qui n'a pas compris, mais riant aussi*. – Hein ? quoi ? pourquoi rit-on ?… Est-ce que j'ai dit quelque chose… ?
110 LUCETTE, *riant, indiquant Fernand assis sur le canapé*. – Non… non… c'est Fernand qui n'est pas sérieux !
DE FONTANET, *regardant Bois-d'Enghien qui rit aussi, tout en lui faisant des signes de ne pas s'arrêter à ça.* – Ah ! c'est ça, c'est lui qui n'est pas… Mais qu'est-ce que j'ai bien pu dire ? Euh !
115 euh !… Je n'y suis pas du tout !…
LUCETTE, *le rire coupant ses paroles*. – Mais je vous dis, ne cherchez pas ! ça n'en vaut pas la peine. *(Voulant changer de conversation et toujours en riant.)* Tenez, parlons de choses plus sérieuses. On vous verra ce soir au concert[1] ?
120 DE FONTANET. – Oh ! non, ce soir, impossible ! Je vais dans le monde.
LUCETTE, *toujours sous l'influence du rire*. – Du reste, je ne sais pas pourquoi je vous demande ça, je ne chante pas ce soir : c'est mon jour de congé.
125 DE FONTANET. – Oh ! bien, ça se trouve bien ! Moi, je vais chez une de mes vieilles amies, la baronne Duverger.
BOIS-D'ENGHIEN, *qui riait aussi, changeant de visage, et à part, se levant vivement*. – Sapristi ! ma future belle-mère !
DE FONTANET. – Elle donne une soirée à l'occasion du mariage de
130 sa fille avec monsieur… Attendez donc, on m'a dit le nom…
BOIS-D'ENGHIEN, *anxieux*. – Mon Dieu !
DE FONTANET, *cherchant*. – Monsieur… ? monsieur… ?
BOIS-D'ENGHIEN, *passant entre lui et Lucette*. – C'est bon, ça ne fait rien, ça nous est égal !

---

1. Concert : café-concert.

135 DE FONTANET. – Si, si, laissez donc ! c'est un nom dans le genre du vôtre !

BOIS-D'ENGHIEN. – Mais non ! mais non ! c'est pas possible ! il n'y en a pas ! il n'y en a pas !

LUCETTE. – Qu'est-ce que tu as, à être agité comme ça ?

140 BOIS-D'ENGHIEN. – Je ne suis pas agité ; seulement, je sais bien ce que c'est ! c'est comme les gens qui vous disent : attendez donc, c'est un nom qui commence par un Q...

DE FONTANET, *vivement*. – C'est ça !

BOIS-D'ENGHIEN. – ... Duval !

145 DE FONTANET. – Ah ! non.

BOIS-D'ENGHIEN. – Qu'est-ce ça nous fait le nom de ces gens-là, puisque nous ne les connaissons pas ?

On sonne.

DE CHENNEVIETTE. – Au fond, il a raison !

150 BOIS-D'ENGHIEN. – Cherchez donc pas, allez ! cherchez donc pas !

Scène 11

LES MÊMES, FIRMIN, *puis* BOUZIN

LUCETTE, *à Firmin qui entre et cherche quelque chose derrière les meubles*. – Qu'est-ce que c'est, Firmin ?

FIRMIN, *avec une bonhomie dédaigneuse*[1]. – Oh ! rien, madame, c'est cet homme... Bouzin, qui dit avoir laissé son parapluie.

5 TOUS. – Bouzin !

LUCETTE, *qui est remontée, passant devant Firmin*. – Mais faites-le entrer !

---

1. Bonhomie dédaigneuse : simplicité excessive et condescendante.

FIRMIN, *étonné.* – Ah ?

    Bois-d'Enghien remonte légèrement, Fontanet gagne la gauche.

LUCETTE, *qui est allée jusqu'à la porte du vestibule.* – Mais entrez donc, monsieur Bouzin ! *(L'introduisant.)* Monsieur Bouzin, mes amis !
BOIS-D'ENGHIEN, DE FONTANET, DE CHENNEVIETTE, *lui faisant accueil.* – Ah ! Monsieur Bouzin !

    Firmin sort.

BOUZIN, *très étonné de la réception, saluant, très gêné.* – Messieurs, madame, je vous demande pardon, c'est parce que je crois avoir oublié…
LUCETTE, *aux petits soins.* – Mais asseyez-vous donc, monsieur Bouzin ! *(Elle lui a apporté la chaise qui était au-dessus de la table.)*
TOUS, *même jeu.* – Mais asseyez-vous donc, monsieur Bouzin !

    Chacun lui apporte une chaise : Bois-d'Enghien, celle au-dessus du canapé, qu'il met à côté de celle apportée par Lucette ; Fontanet, celle de la droite de la table, et Chenneviette, celle de gauche ; ce qui forme un rang de chaises derrière Bouzin.

BOUZIN, *s'asseyant d'abord, moitié sur une chaise, moitié sur l'autre, puis sur celle présentée par Lucette.* – Ah ! Messieurs… vraiment !…
LUCETTE, *s'asseyant à côté de lui, à sa droite, Fontanet à droite de Lucette et Bois-d'Enghien à gauche de Bouzin, Chenneviette sur le coin de la table.* – Et maintenant, que je vous gronde ! Pourquoi avez-vous remporté comme ça votre chanson ?
BOUZIN, *avec un rictus*[1] *amer.* – Comment, pourquoi ? Votre domestique m'a dit que vous la trouviez stupide !

---

1. *Rictus* : sourire grimaçant.

LUCETTE, *se récriant.* – Stupide, votre chanson !... Oh ! il n'a pas compris !

TOUS. – Il n'a pas compris ! il n'a pas compris !

BOUZIN, *dont la figure s'éclaire.* – Ah ! c'est donc ça ? Je me disais aussi...

LUCETTE. – Oh ! mais d'abord, il faut que je vous remercie pour votre splendide bouquet.

BOUZIN, *embarrassé.* – Hein ?... Ah ! le... Oh ! ne parlons pas de ça !

LUCETTE. – Comment, n'en parlons pas !... Merci ! c'est d'un galant de votre part[1].

TOUS. – Ça, c'est vrai !... c'est d'un galant...

LUCETTE, *brusquement, montrant sa main avec la bague.* – Et ma bague ? vous avez vu ma bague ?

BOUZIN, *qui ne comprend pas.* – Votre bague ? Ah ! oui.

TOUS. – Ah ! elle est superbe !

LUCETTE, *coquette.* – Vous voyez, je l'ai à mon doigt.

BOUZIN, *même jeu.* – Oui, en effet, elle est... *(À part.)* Qu'est-ce que ça me fait, sa bague ?

LUCETTE. – C'est le rubis, surtout qui est admirable.

BOUZIN. – Le rubis ? La chose, là ? Oui, oui ! *(Un petit temps.)* Ah ! là, là, quand on pense que c'est si cher, ces machines-là !

Tout le monde se regarde interloqué, ne sachant que dire.

LUCETTE, *un peu décontenancée.* – Oui, mais j'ai su l'apprécier.

BOUZIN. – Car enfin, ça n'en a pas l'air, une bague comme ça, ça vaut plus de sept mille francs.

DE CHENNEVIETTE, *quittant sa place, et remontant derrière la table.* – Sept mille francs !

---

1. *C'est d'un galant de votre part* : c'est très galant à vous, c'est raffiné et de bon goût.

LUCETTE, *à Chenneviette*. – Mais oui, ça ne m'étonne pas !

> *Chenneviette gagne par-derrière, jusqu'au-dessus du canapé.*

BOUZIN. – La vie d'une famille pendant deux ans. Eh bien ! quand il faut verser sept mille francs pour ça, vous savez !...

> *Ahurissement[1] général.*

BOIS-D'ENGHIEN *le regarde, avec l'air de dire : « Mais qu'est-ce que c'est que cet homme-là ! » Puis à mi-voix à Chenneviette*. – Mais je trouve ça de très mauvais goût, ce qu'il fait là !

DE CHENNEVIETTE, *à mi-voix également*. – Lui, il est infect !

> *Il remonte au fond. Bois-d'Enghien se lève et replace sa chaise à sa place première, au-dessus du canapé.*

LUCETTE, *voulant tout de même être aimable*. – En tout cas, ça prouve la générosité du donateur !

BOUZIN. – Ah ! oui. *(À part.)* Et son imbécillité ! *(Haut.)* Alors, pour en revenir à ma chanson...

LUCETTE. – Eh bien ! voilà...

DE FONTANET, *se levant et rapprochant sa chaise de la table*. – Ah ! bien, ma chère diva, je vois que vous avez à travailler. Je vais vous laisser.

LUCETTE, *se levant également*. – Vous partez ! attendez, je vous accompagne.

> *Elle reporte sa chaise au-dessus de la table.*

DE FONTANET. – Oh ! je vous en prie...

LUCETTE, *faisant passer Fontanet et l'accompagnant*. – Du tout, du tout ! *(À Chenneviette.)* Tiens, viens avec moi, toi, par la même occasion je te remettrai ce que tu sais pour le petit, tu pourras l'envoyer immédiatement.

---

1. Ahurissement : grand étonnement.

DE CHENNEVIETTE. – Ah! bon!

Bouzin, sans se lever, a suivi tout ce mouvement en pivotant petit à petit avec sa chaise, de sorte qu'il est dos aux spectateurs.

LUCETTE. – Vous permettez, monsieur Bouzin ? Je suis à vous tout de suite.

Tout le monde sort, à l'exception de Bois-d'Enghien et de Bouzin.

Scène 12

BOIS-D'ENGHIEN, BOUZIN

BOIS-D'ENGHIEN, *qui les a regardés partir, traversant à grands pas la scène, et, brusquement, à Bouzin qui s'est levé et est allé porter sa chaise à gauche de la table.* – Eh bien! voulez-vous que je vous dise, vous ! Vous êtes amoureux de Lucette !
BOUZIN. – Moi !
BOIS-D'ENGHIEN. – Oui, oui ! Oh ! pas besoin de dissimuler, vous êtes amoureux ! Eh bien ! mais hardi[1] donc ! Du courage ! C'est le moment, allez-y !
BOUZIN. – Hein !
BOIS-D'ENGHIEN. – Si vous êtes un homme, Lucette est à vous.
BOUZIN. – À moi, mais je vous assure…
BOIS-D'ENGHIEN, *vivement.* – Chut, la voilà ! pas un mot aujourd'hui !… vous attaquerez demain !

Il retourne à droite en sifflotant, les mains dans ses poches, pour se donner un air détaché.

---

1. Hardi : courage.

BOUZIN, *à part.* – C'est drôle, pourquoi veut-il que je sois amoureux de Lucette Gautier ?

Scène 13

Les mêmes, Lucette

LUCETTE (2), *à Bouzin.* – Je vous demande pardon de vous avoir laissé.
BOUZIN (1), *qui est remonté au-dessus de la table.* – Mais comment donc ! *(À part.)* Je n'en suis pas amoureux du tout.
5 LUCETTE, *s'asseyant à droite de la table.* – Maintenant, nous allons pouvoir causer sans être dérangés.
BOUZIN, *s'asseyant au-dessus de la table, face au public.* – Oui.
LUCETTE. – Eh bien ! voilà ! votre chanson, elle est charmante ! Il n'y a pas deux mots : elle est charmante.
10 BOUZIN. – Vous êtes trop aimable ! *(À part, en se baissant pour poser son chapeau sous la table.)* Et cet autre qui avait compris qu'elle était stupide ! Faut-il être bête !
LUCETTE. – Mais enfin, vous savez, on a beau dire que le mieux est l'ennemi du bien… votre chanson, je le répète, elle est
15 charmante ; mais, comment dirais-je ?… elle manque un peu de caractère.
BOUZIN, *protestant.* – Oh ! cependant…
LUCETTE. – Non ! non ! il faut bien avoir le courage de vous parler franchement : c'est plein d'esprit, mais ça ne veut rien dire.
20 BOUZIN, *interloqué.* – Ah !
LUCETTE, *à Bois-d'Enghien, qui, par discrétion, se tient à distance, appuyé à la cheminée.* – N'est-ce pas ?
BOIS-D'ENGHIEN. – Oui, oui ! *(Descendant s'asseoir à gauche de la table.)* Et puis, moi, si vous me permettez de donner mon avis,
25 ce que je reproche aussi, c'est la forme.

LUCETTE. – Ah ! bien, oui ! évidemment, la forme est défectueuse[1] ! mais encore, la forme, je passe par-dessus !

BOIS-D'ENGHIEN. – Et puis enfin, ça... ça manque de traits[2], c'est un peu gris[3] !

LUCETTE. – Oui, tenez !... ça, c'est un peu vrai ce qu'il dit là ! On sent bien que c'est la chanson d'un homme d'esprit, mais c'est la chanson d'un homme d'esprit...

BOIS-D'ENGHIEN. – ... Qui l'aurait fait écrire par un autre !

LUCETTE. – Voilà !...

BOUZIN, *hochant la tête*. – C'est curieux !... *(Un petit temps.)* Enfin, à part ça, vous la trouvez bien ?

BOIS-D'ENGHIEN ET LUCETTE. – Oh ! très bien !

LUCETTE. – Très bien ! très bien ! *(Changement de ton.)* Alors, voici ce que nous avons pensé... Avez-vous votre chanson sur vous ?

BOUZIN. – Ah ! non, je l'ai déposée chez moi.

LUCETTE. – Oh ! c'est dommage !

BOUZIN. – Mais, ça ne fait rien ! je demeure rue des Dames... c'est à deux pas, je peux courir...

Il se lève.

LUCETTE, *se levant*. – Ah ! bien, si ça ne vous dérange pas... Au moins nous pourrons travailler utilement.

BOUZIN. – Mais comment donc ; c'est bien le moins ! Et vous savez, tout ce que vous voudrez ! J'ai le travail très facile !

BOIS-D'ENGHIEN. – Oui ?

BOUZIN. – Moi ! mais je vous fais une chanson comme ça, du premier jet.

BOIS-D'ENGHIEN, *se levant*. – Non, vrai ? *(À part.)* C'est beau de pouvoir faire aussi mauvais que ça, du premier coup !

---

1. *Défectueuse* : mauvaise.
2. *Traits* : traits d'esprits.
3. *Gris* : terne, fade.

55 BOUZIN, *passant au 3 et se dirigeant vers la porte de sortie.* – Je vais et je reviens !
LUCETTE, *qui l'a suivi, lui indiquant son parapluie.* – Votre parapluie !
BOUZIN. – Ah ! c'est juste ! Merci !

> *Il prend son parapluie derrière le piano et sort, accompa-*
> 60 *gné de Lucette.*

Scène 14

BOIS-D'ENGHIEN, *puis* LUCETTE

BOIS-D'ENGHIEN, *gagnant la droite.* – Et maintenant, moi, j'ai préparé le terrain du côté de ce bonhomme-là, du Bouzin. Il n'y a plus à tergiverser[1] : mon contrat se signe ce soir, il s'agit d'aborder la rupture carrément.
5 LUCETTE, *partant à la cantonade.* – C'est ça ! ce sera charmant ! Dépêchez-vous !
BOIS-D'ENGHIEN, *s'asseyant sur le canapé, côté le plus éloigné.* – Elle !... Par exemple, si je sais comment je vais m'y prendre ?
10 LUCETTE, *descendant (2) derrière le canapé et venant embrasser Bois-d'Enghien dans le cou.* – Tu m'aimes ?
BOIS-D'ENGHIEN. – Je t'adore !
LUCETTE. – Ah ! chéri !...

> *Elle le quitte pour faire le tour du canapé et aller s'asseoir*
> 15 *à gauche de Bois-d'Enghien.*

BOIS-D'ENGHIEN, *à part.* – C'est pas comme ça, en tout cas !...

---

1. *Tergiverser* : user de détours pour retarder le moment de la décision.

LUCETTE, *assise à sa gauche*. – Que je suis heureuse de te revoir, là ! Je n'en crois pas mes yeux ! Vilain ! si tu savais le chagrin que tu m'as fait ! J'ai cru que c'était fini, nous deux !
20 BOIS-D'ENGHIEN, *protestant hypocritement*. – Oh ! « fini » !
LUCETTE, *avec transport*[1]. – Enfin, je te *r'ai* ! Dis-moi que je te *r'ai* ?
BOIS-D'ENGHIEN, *avec complaisance*. – Tu me *r'as* !
LUCETTE, *les yeux dans les yeux*. – Et que ça ne finira jamais ?
BOIS-D'ENGHIEN, *même jeu*. – Jamais !
25 LUCETTE, *dans un élan de passion, lui saisissant la tête et la couchant sur sa poitrine*. – Oh ! mon nan-nan !
BOIS-D'ENGHIEN. – Oh ! ma Lulu !

Lucette couche sa tête en se faisant un oreiller de ses deux bras sur la hanche de Bois-d'Enghien qui se trouve étendu
30 *sur ses genoux, de côté et très mal.*

BOIS-D'ENGHIEN, *à part*. – C'est pas ça du tout ! Je suis mal embarqué !…
LUCETTE, *dans la même position et langoureusement*. – Vois-tu, voilà comme je suis bien !
35 BOIS-D'ENGHIEN, *à part*. – Ah ! bien ! pas moi, par exemple !
LUCETTE, *même jeu*. – Je voudrais rester comme ça pendant vingt ans !… et toi ?
BOIS-D'ENGHIEN. – Tu sais, vingt ans, c'est long !
LUCETTE. – Je te dirais : « Mon nan-nan ! » ; tu me répondrais :
40 « Ma Lulu !… » et la vie s'écoulerait.
BOIS-D'ENGHIEN, *à part*. – Ce serait récréatif[2] !
LUCETTE, *se remettant sur son séant, ce qui permet à Bois-d'Enghien de se redresser*. – Malheureusement, ce n'est pas possible ! *(Elle se lève, fait le tour du canapé, puis avec élan, à Bois-d'Enghien.)* Tu
45 m'aimes ?
BOIS-D'ENGHIEN. – Je t'adore !

---

1. *Transport* : passion.
2. *Récréatif* : amusant.

LUCETTE. – Ah ! chéri, va !

Elle remonte au-dessus du canapé.

BOIS-D'ENGHIEN, *à part.* – Pristi ! que c'est mal engagé !

LUCETTE, *au milieu de la scène et au-dessus (1) d'un air plein de sous-entendu.* – Alors… viens m'habiller ?

BOIS-D'ENGHIEN (2), *comme un enfant boudeur.* – Non !… pas encore !

LUCETTE, *descendant.* – Qu'est-ce que tu as ?

BOIS-D'ENGHIEN, *même jeu.* – Rien !

LUCETTE. – Si ! tu as l'air triste !

BOIS-D'ENGHIEN, *se levant et prenant son courage à deux mains.* – Eh bien ! oui ! si tu veux le savoir, j'ai que cette situation ne peut pas durer plus longtemps !

LUCETTE. – Quelle situation ?

BOIS-D'ENGHIEN. – La nôtre. *(À part.)* Aïe donc ! Aïe donc. *(Haut.)* Et puisque aussi bien, il faut en arriver là un jour ou l'autre, j'aime autant prendre mon courage à deux mains, tout de suite : Lucette, il faut que nous nous quittions !

LUCETTE, *suffoquée.* – Quoi !

BOIS-D'ENGHIEN. – Il le faut ! *(À part.)* Aïe donc ! Aïe donc !

LUCETTE, *ayant un éclair.* – Ah ! mon Dieu !… tu te maries !

BOIS-D'ENGHIEN, *hypocrite.* – Moi ? ah ! là là ! ah ! bien ! à propos de quoi ?

LUCETTE. – Eh bien ! pourquoi ? Alors, pourquoi ?

BOIS-D'ENGHIEN. – Mais à cause de ma position de fortune actuelle… ne pouvant t'offrir l'équivalent de la situation que tu mérites…

LUCETTE. – C'est pour ça ! *(Éclatant de rire, en se laissant presque tomber sur lui d'une poussée de ses deux mains contre les épaules.)* Ah ! que t'es bête !

BOIS-D'ENGHIEN. – Hein ?

LUCETTE, *avec tendresse, le serrant dans ses bras.* – Mais est-ce que je ne suis pas heureuse comme ça ?

BOIS-D'ENGHIEN. – Oui, mais ma dignité !...

LUCETTE. – Ah ! laisse-la où elle est, ta dignité ! Qu'il te suffise de savoir que je t'aime. *(Se dégageant et gagnant un peu la gauche, avec un soupir de passion.)* Oh ! oui, je t'aime !

BOIS-D'ENGHIEN, *à part.* – Allons, ça va bien ! ça va très bien !

LUCETTE. – Vois-tu, rien qu'à cette pensée que tu pourrais te marier ! *(Retournant à lui et le serrant comme si elle allait le perdre.)* Ah ! dis-moi que tu ne te marieras jamais ! jamais !

BOIS-D'ENGHIEN. – Moi ?... Ah ! bien !

LUCETTE, *avec reconnaissance.* – Merci ! *(Se dégageant.)* Oh ! d'ailleurs si ça t'arrivait, je sais bien ce que je ferais !

BOIS-D'ENGHIEN, *inquiet.* – Quoi ?

LUCETTE. – Ah ! ça ne serait pas long, va ! Une bonne balle dans la tête !

BOIS-D'ENGHIEN, *les yeux hors des orbites.* – À qui ?

LUCETTE. – À moi, donc !

BOIS-D'ENGHIEN, *rassuré.* – Ah ! bon !

LUCETTE, *qui s'est approchée de la table, prenant nerveusement* Le Figaro *laissé par la baronne.* – Oh ! ce n'est pas le suicide qui me ferait peur, si j'apprenais jamais, ou si je lisais dans un journal... *(Elle indique le journal qu'elle tient.)*

BOIS-D'ENGHIEN, *à part, terrifié, mais sans bouger de place.* – Sapristi ! un *Figaro* !

LUCETTE. – Mais, je suis folle ; puisqu'il n'en est pas question, à quoi bon me mettre dans cet état !

Elle rejette Le Figaro *sur la table et gagne la gauche.*

BOIS-D'ENGHIEN, *se précipitant sur* Le Figaro *et le fourrant entre sa jaquette et son gilet. À part.* – Ouf !... Mais il en pousse donc ! il en pousse !

Lucette s'est retournée au bruit. Bois-d'Enghien rit bêtement pour se donner une contenance.

Lucette, *revenant à lui, avec élan et se jetant dans ses bras.* – Tu m'aimes ?
Bois-d'Enghien. – Je t'adore !
Lucette. – Ah ! chéri !

Elle remonte.

Bois-d'Enghien, *à part.* – Jamais !… jamais je n'oserai lui avouer mon mariage, après ça ! jamais !

> *Il gagne la droite et se laisse tomber, découragé, sur le canapé.*

Scène 15

Les mêmes, De Chenneviette

De Chenneviette, *arrivant du fond, en achevant de coller une enveloppe. À Lucette.* – Dis donc, je fais recommander la lettre… As-tu un timbre de quarante centimes ?
Lucette, *se dirigeant vers sa chambre.* – Oui, par là… attends !
De Chenneviette. – Tiens, voilà quarante centimes !
Lucette, *à la bonne franquette*[1]. – Eh ! je n'en ai pas besoin de tes quarante centimes.
De Chenneviette, *vexé.* – Mais moi non plus ! Il n'y a pas de raison pour que tu me fasses cadeau de huit sous ! C'est drôle ça !
Lucette. – Ah ! Comme tu voudras !…

> *Elle prend l'argent et entre dans sa chambre.*

---

1. *À la bonne franquette* : sans cérémonie.

De Chenneviette, *à Bois-d'Enghien.* – C'est curieux, tenez ! Voilà de ces petites choses que les femmes ne sentent pas !

Bois-d'Enghien, *préoccupé.* – Oui, oui !

De Chenneviette. – Qu'est-ce que vous avez ? Vous avez l'air embêté.

Bois-d'Enghien. – Ah ! mon cher ! ce n'est pas embêté qu'il faut dire, c'est désespéré !

De Chenneviette. – Ah ! mon Dieu ! quoi donc ?

Bois-d'Enghien, *se levant et allant à lui.* – Ah ! tenez ! vous seul pouvez me tirer de là ! C'est pour une chose que je ne sais comment dire à Lucette... Je peux bien dire ça, à vous, vous êtes... presque son mari. Il faut absolument que je la lâche et qu'elle me lâche !

De Chenneviette, *tombant des nues.* – Qu'est-ce que vous me dites là ?

Bois-d'Enghien. – La vérité, mon cher ! je me marie !

De Chenneviette. – Vous !

Bois-d'Enghien. – Moi !... Et le contrat se signe ce soir !

De Chenneviette. – Sapristi de sapristi !

Bois-d'Enghien, *le prenant par le bras et sur le ton le plus persuasif.* – Voyons, au fond, c'est son intérêt, cette rupture !

De Chenneviette. – Comment, mais c'est tellement vrai, qu'en ce moment, si elle voulait, elle aurait une occasion superbe.

On sonne.

Bois-d'Enghien. – Eh bien ! dites-lui, que diable ! parlez-lui sérieusement, elle vous écoutera.

De Chenneviette, *d'un air de doute.* – Ah ! ouiche !

Scène 16

Les mêmes, Firmin, *puis* Marceline, le Général
et Antonio, *puis* Lucette

Firmin, *annonçant.* – Le général Irrigua !
De Chenneviette. – Lui ! faites-le entrer ! *(Fausse sortie de Firmin. Vivement.)* Non ! quand nous serons partis ! *(À Bois-d'Enghien.)* Venez, venez… passons par là !
5 Bois-d'Enghien. – Pourquoi ?
De Chenneviette. – Parce que !… nous gênons !… nous sommes de trop !…
Bois-d'Enghien. – Hein !… est-ce que ce serait… ?
De Chenneviette. – Parfaitement !… C'est l'occasion ! là !
10 Bois-d'Enghien. – Fichtre !… Filons !

Ils s'esquivent furtivement par le fond, comme deux complices.

Marceline, *entrant de droite au moment où Firmin se dispose à faire entrer le général.* – Qui est-ce qui a sonné, Firmin ?
15 Firmin. – Le général Irrigua, mademoiselle !
Marceline. – Le général ! vite ! faites-le entrer et allez prévenir ma sœur.

Elle descend entre le piano et le canapé.

Firmin. – Si monsieur veut entrer…
20 Le Général. – Bueno ! Yo entre !…

Il entre, suivi d'Antonio portant deux bouquets, un énorme et l'autre tout petit ; il tient ce dernier derrière son dos.

Marceline, *faisant une révérence.* – Général !

LE GÉNÉRAL, *la reconnaissant.* – Ah ! madame la sor ! Yo souis bieng la vôtre ! *(Appelant Firmin.)* Çarçonne ! *(Firmin ne répond pas. Élevant la voix.)* Çarçonne !… Valé de pied !

FIRMIN, *redescendant.* – Ah ! c'est moi… ?

LE GÉNÉRAL. – Natourellement, c'est vous ! ça n'est pas moi ! *(À part.)* Qué bruto este hombre[1] ! *(Haut.)* Allez dire mâdâme la maîtresse, yo souis là !

FIRMIN. – Oui, monsieur ! *(À part, en se dirigeant vers la chambre de Lucette.)* C'est un général auvergnat, ça ! *(Haut, apercevant Lucette qui sort de sa chambre.)* Ah ! voilà madame !

Il sort au fond.

LE GÉNÉRAL, *à Lucette qui s'arrête, étonnée, en voyant le général.* – Elle ! Ah ! mâdâme, cette chour est la plouss belle dé ma vie !

LUCETTE, *interrogeant du regard.* – Pardon, monsieur… ?

MARCELINE, *le présentant.* – Le général Irrigua, Lucette.

LE GÉNÉRAL, *s'inclinant.* – Soi-même !

LUCETTE (1). – Ah ! Général, je vous demande pardon ! *(Saluant Antonio, au fond, 2.)* Monsieur !…

LE GÉNÉRAL (3), *redescendant un peu.* – C'est rienne ! Moun interprète !

LUCETTE. – Général, je suis ravie de faire votre connaissance !

LE GÉNÉRAL. – Ah ! lé ravi il est pour moi, mâdâme ! *(À Antonio.)* Antonio… les bouquettes… *(Antonio passe le gros bouquet, sans laisser voir le petit, à Lucette.)* Permettez-moi quelques flors môdiques qué yo vous prie, qué… qué yo vous offre !

LUCETTE, *prenant le bouquet.* – Ah ! Général !

LE GÉNÉRAL, *prenant le bouquet minuscule que lui tend Antonio et le présentant à Marceline.* – Et… yo l'ai pensé aussi à la sor !

MARCELINE, *prenant le bouquet.* – Pour moi ?… oh ! Général, vraiment !

---

1. *Qué bruto este hombre !* : Quel imbécile celui-là !

55 LE GÉNÉRAL, *à Marceline.* – Il est plouss pétite qué l'autre… mais il est plouss portatif!… *(À Antonio.)* Antonio, allez attendre à ma dispositione dans la vestiboule!

ANTONIO. – Bueno[1]!

Il sort.

60 LUCETTE. – Que c'est aimable à vous!… Justement, j'adore les fleurs!

LE GÉNÉRAL, *galamment.* – Qué né lé souis-je!…

MARCELINE, *respirant le parfum de son bouquet et minaudant. Au général.* – Moi aussi, je les adore…

65 LE GÉNÉRAL, *par-dessus son épaule.* – Oui, mais yo n'ai dit ça qué pour madame.

LUCETTE, *qui a enlevé les épingles qui fermaient le bouquet, passant au 2.* – Oh! vois donc! Marceline! Est-ce beau?

LE GÉNÉRAL. – Cé lé sont vos souchèttes qué yo mets à vos pieds.

70 LUCETTE, *riant.* – Mes sujettes?…

LE GÉNÉRAL. – Bueno… cé lé sont des rosses qué yo mets aux pieds dé la reine des rosses!

LUCETTE ET MARCELINE, *minaudant.* – Aah!

LE GÉNÉRAL, *content de lui.* – C'est oun mott!

75 LUCETTE. – Vous êtes galant, général!

LE GÉNÉRAL. – Yo fait cé qu'onn peut!

MARCELINE, *à part.* – C'est égal, il ferait bien de prévenir qu'il a de l'accent!

LUCETTE, *à Marceline.* – Laisse-nous, Marceline!

80 MARCELINE. – Moi?

LE GÉNÉRAL, *avec un geste de grand seigneur.* – Laisse-nous… la sor!…

MARCELINE. – Hein!

---

1. *Bueno* : Bien.

Le Général, *très poli mais sur un ton qui n'admet pas de réplique.*
— Allez-vous-s'en !… mamoisselle !

Il passe au 2, derrière Lucette.

Marceline. — Ah ? bon !… *(À part.)* Oh ! c'est un sauvage !

Elle sort par la droite ; pendant ce temps, Lucette met le bouquet dans le vase qui est sur la console. — Le général est remonté au-dessus du canapé et attend que Marceline soit partie.

Le Général, *brusquement, à Lucette qui est revenue à droite de la table.*
— Vouss ! C'est vouss ! qué yo souis là… près de vouss… ounique !

Lucette, *s'asseyant à droite de la table.* — Asseyez-vous donc, je vous en prie !

Le Général, *avec passion.* — Yo no pouis pas !

Lucette, *étonnée.* — Vous ne pouvez pas ?

Le Général, *même jeu.* — Yo no pouis pas ! Yo souis trop émoute ! Ah ! quand yo recevous cette lettre de vouss ! Cette lettre ousqué il m'accordait la grâce dé… oune entrefou pour tous les deusses ; ah ! Caramba[1] ! caramba !… *(Ne trouvant pas de mot pour exprimer ce qu'il ressent.)* Qué yo no pouis dire.

Lucette. — Eh ! qu'avez-vous ? Vous semblez ému.

Le Général. — Yo le souis ! porqué[2] yo vouss s'aime Loucette, et qué yo vois que yo souis là… tous les deusses… ounique ! *(Devenant entreprenant.)* Loucette !

Lucette, *vivement, se levant et passant à gauche de la table.* — Prenez garde, général, vous abordez là un terrain dangereux !

Le Général, *descendant un peu à droite.* — Eh ! yo n'ai pas peur lé dancher ! Dans mon pays yo l'étais ministre de la Gouerre !

Lucette, *redescendant en passant au-dessus de la table.* — Vous !

---

1. *Caramba !* : Sapristi !
2. *Porqué* : parce que.

Le Général, *s'inclinant*. – Soi-même !

Lucette. – Ah ! Général… quel honneur… Un ministre de la Guerre !

Le Général, *rectifiant*. – Ess… Ess !

Lucette, *qui ne comprend pas*. – Quoi « Ess » ?

Le Général. – Ess-ministre !… yo no le souis plus.

Lucette, *sur un ton de condoléance*. – Ah ?… Qu'est-ce que vous êtes, alors ?

Le Général. – Yo souis condamné à morté.

Lucette, *reculant*. – Vous ?

Le Général, *avec un geste pour la rassurer*. – Eh ! oui ! tout ça, porqué yo lo souis venou en France por achéter por moun gouvernement deusse courrassés, troiss croiseurs et cinq tourpilleurs.

Lucette, *ne saisissant pas le rapport*. – Eh bien ?

Le Général. – Bueno ! yo les ai perdous au pacarat.

Lucette. – Perdus au baccarat[1] !… *(Sur un ton de reproche.)* Oh ! Et comment avez-vous fait ?

Le Général, *avec la plus naïve inconscience*. – Yo l'ai pas ou de la chance, voilà !… au pacarat c'est toujours le même : quand yo l'ai houit, il a nef ! et porqué ça, yo l'ai perdou beaucoup de l'archent.

Lucette, *s'asseyant à droite de la table*. – C'est mal, ça, général.

Le Général, *sur un ton dégagé*. – Basta, rienne pour moi ! yo l'ai touchours assez peaucoup, porqué yo pouisse la mettre à la disposition de usted[2].

Lucette. – À ma disposition ?

Le Général, *grand seigneur*. – Toute !

Lucette. – Mais à quel titre ?

Le Général, *avec chaleur*. – À la titre qué yo pouisse vous aimerr… porqué yo vouss s'aime, Loucette ! mon cœur elle

---

1. Baccarat : jeu de cartes.
2. Usted : Vous.

est trop petite pour contiendre tout ce que yo l'ai dé l'amour !... Par la charme qu'elle est à vouss, vous m'avez priss... vous m'avez... vous m'avez... *(Changeant de ton.)* Pardon ! oun moment... oun moment.

Il remonte au fond.

LUCETTE, *à part.* – Eh bien ! où va-t-il ?
LE GÉNÉRAL, *ouvrant la porte et appelant.* – Antonio ?
ANTONIO, *à la porte du vestibule.* – Chénéral ?
LE GÉNÉRAL, *en espagnol.* – Cómo se dice « subyugar » en francés ?
ANTONIO. – « Subjuguer[1] », chénéral.
LE GÉNÉRAL, *lui faisant signe qu'il peut retourner dans le vestibule.*
– Bueno ! gracias, Antonio !
ANTONIO. – Bueno !

Il sort.

LE GÉNÉRAL, *à Lucette, reprenant brusquement sur le ton de la passion.* – Vous m'avez « souchouqué » ; aussi tout ce qu'il est à moi est à vouss ! Ma vie, mon archent, chusqu'au dollar la dernière, chusqu'à la misère que yo l'aimerais encore porqu'elle venirait de vouss !
LUCETTE, *hochant la tête, pleine de doutes.* – La misère ! on voit bien que vous ne savez pas ce que c'est !
LE GÉNÉRAL, *descendant à droite.* – Oh ! pardonne ! yo le sais ! yo l'ai pas tuchurs été riche. Avant que yo le sois entré dans l'armée... comme chénéral ! yo l'avais pas de l'archent, quand yo l'étais professor modique et que yo l'ai dû pour vivre aller dans les familles... où yo donnais des léçouns de francess.
LUCETTE, *retenant son envie de rire.* – De français ? Vous le parliez donc ?

---

1. *Subjuguer* : charmer intensément.

LE GÉNÉRAL, *bien naïvement.* – Yo vais vous dire ; dans moun pays, yo le parlais bienn ; ici, yo no sais porqué, yo le parlé mal.
175 LUCETTE, *riant.* – Ah ! c'est ça ! asseyez-vous donc !
LE GÉNÉRAL, *exalté.* – Yo ne pouis pas ! Defant vous, yo no pouis être assisse qu'à chénoux. *(Il s'agenouille devant elle.)* Fous l'est la divinité qué l'on s'achénouille là devant... oun sainte qué l'on adore...
180 LUCETTE. – Ah ! Général !
LE GÉNÉRAL, *froidement.* – Où il est votre chambre ?
LUCETTE, *suffoquée.* – Hein ?
LE GÉNÉRAL, *avec passion.* – Yo diss : où il est votre chambre ?
LUCETTE. – Mais, général, en voilà une question !
185 LE GÉNÉRAL. – C'est l'amor qu'il parle par ma bouche porqué c'est là qué yo voudrais vivre ! Porqué la champre de la peauté qué l'on l'aime, il est comme le... comme le... *(Se levant.)* Pardon, oun moment, oun moment !
LUCETTE, *à part, railleuse.* – Ah ? bon !
190 LE GÉNÉRAL, *qui est remonté et a ouvert la porte du fond.* – Antonio ?
ANTONIO, *comme précédemment.* – Chénéral ?
LE GÉNÉRAL. – Cómo se dice « tabernáculo » en francés ?
ANTONIO. – Bueno ! « tabernacle[1] », chénéral.
LE GÉNÉRAL. – Bueno ! gracias, Antonio !
195 ANTONIO. – Bueno !

Il sort.

LE GÉNÉRAL, *allant sans mot dire et bien froidement se remettre aux genoux de Lucette, comme il était précédemment, puis une fois installé, éclatant.* – Il est comme la taberlac, où il est la reli-
200 chion, la déesse qu'on l'adore.
LUCETTE, *posant sa main droite, qui a la bague, sur la main du général qui tient sa main gauche.* – Ah ! général, vous savez tout racheter par une galanterie.

---

1. *Tabernacle* : sanctuaire renfermant quelque chose de sacré, de précieux.

LE GÉNÉRAL, *qui regarde la bague au doigt de Lucette.* – Tuchurs ! *(Se levant.)* Ça même fait qué yo pense qué yo vois qué vous l'avez là à lé doigt oun bâgue.

LUCETTE, *d'un air détaché, se levant.* – Une bague ! Ah ! là… Ah ! oui ! oh !

LE GÉNÉRAL. – Elle est cholie, fous troufez ?

LUCETTE, *même jeu, descendant un peu à gauche.* – Pfeu ! c'est une babiole !

LE GÉNÉRAL, *hochant la tête.* – Oun bâpiole ?… Qu'est-ce que c'est oun bâpiole ?

LUCETTE. – Oui, enfin une bagatelle[1] !

LE GÉNÉRAL, *même jeu.* – Oun bâcatil… Si… si !… *(Changeant de ton.)* Pardon, oun moment… oun moment ! *(Allant au fond et appelant.)* Antonio ?

ANTONIO, *comme précédemment.* – Chénéral ?

LE GÉNÉRAL. – Qué cosa significa « oun bâcatil » en español[2] ?

ANTONIO. – Oun bâcatil ? Qu'est-ce que c'est « oun bâcatil » ?

LUCETTE, *sans bouger de place.* – Non, je dis au général que c'est une bagatelle.

ANTONIO, *comprenant.* – Ah ! « une bagatelle ! » *(Traduisant.)* La Señora dice a usted que es… poca cosa[3].

LE GÉNÉRAL, *comme s'il n'avait jamais connu que ce mot-là.* – Ah ! si ! si… oun bâcatil… Si… si… *(À Antonio et lui faisant signe de sortir.)* Bueno ! bueno ! bueno ! gracias, Antonio !

ANTONIO. – Bueno !

Il sort.

LE GÉNÉRAL, *descendant, à Lucette, même jeu.* – Oun bâcatil, si, si !

---

1. *Bagatelle* : petite chose sans importance.
2. *Qué cosa significa « oun bâcatil » en español ?* : Que signifie « oun bâcatil » en espagnol ?
3. *La Señora dice a usted que es… poca cosa* : La dame vous dit que c'est une petite chose.

LUCETTE. – J'y tiens surtout à cause du souvenir qui s'y rattache.
LE GÉNÉRAL, *ému.* – Ah ! c'est bienne, Loucette.
LUCETTE. – Elle me vient de ma mère !
LE GÉNÉRAL, *ahuri.* – Qu'ouss' qué tou dis ?
235 LUCETTE, *surprise.* – Général ?
LE GÉNÉRAL. – La bâgue là ! ça l'est moi qué yo l'ai envoyée cet matin dans oun bouquette.
LUCETTE. – Vous ?
LE GÉNÉRAL. – Natourellement.
240 LUCETTE, *passant à droite.* – Hein, c'est lui ? c'est vous ? vous ? lui ?
LE GÉNÉRAL, *descendant au 1.* – Bueno, yo diss !
LUCETTE, *à part.* – Oh ! c'est trop fort !... et Bouzin, alors ?... Il a eu l'audace de... Oh ! c'est trop fort... Ah ! bien, attends, sa chanson ! non, cet aplomb !
245 LE GÉNÉRAL, *voyant son agitation.* – Qu'oust-ce qué vous l'avez ?
LUCETTE. – Rien ! rien !
LE GÉNÉRAL, *galamment, mais avec une pointe de raillerie.* – Bueno, il vient donc pas la bâgue de la mère ?
LUCETTE. – La bague, là... Oh ! pas du tout ! non ! je croyais que
250 vous vouliez parler d'une autre... Oh ! celle-là, non, non, mais je ne savais pas que c'était vous que j'avais à en remercier.
LE GÉNÉRAL, *modeste.* – Oh ! rienne du toute !... *(Gagnant la gauche et avec un geste de grand seigneur.)* C'est oun bâcatil. *(Revenant à*
255 *elle.)* Et yo me permets d'apporter la bracélette qu'elle va avec.

> *Il offre un autre écrin qu'il tire de la poche d'un des pans de sa redingote.*

LUCETTE, *prenant l'écrin.* – Ah ! Général, vraiment vous me comblez ! mais qu'est-ce que j'ai pu faire pour mériter ?...
260 LE GÉNÉRAL, *très simple.* – Yo vous s'aime ! voilà !
LUCETTE. – Vous m'aimez ? *(Avec un soupir.)* Ah ! Général, pourquoi faut-il que cela soit... ?
LE GÉNÉRAL, *avec une logique sans réplique.* – Porqué céla est.

LUCETTE. – Non, non, ne dites pas ça !
265 LE GÉNÉRAL, *froidement décidé.* – Yo lo disse !
LUCETTE, *lui tendant l'écrin qu'il vient de lui donner.* – Alors, général, remportez ces présents que je n'ai pas le droit d'accepter !
LE GÉNÉRAL, *repoussant l'écrin et haletant.* – Porqué ? Porqué ?
LUCETTE. – Parce que je ne peux pas vous aimer !
270 LE GÉNÉRAL, *bondissant.* – Vous disse ?
LUCETTE, *courbant la tête.* – J'en aime un autre.

> *Elle met sans affectation l'écrin dans sa poche.*

LE GÉNÉRAL. – Oun autre ! Vousse !… oun homme ?
LUCETTE. – Naturellement.
275 LE GÉNÉRAL, *passant au 2.* – Caramba !… Quel il est cet homme… que yo le visse… qué yo le sache…
LUCETTE. – Général, calmez-vous !
LE GÉNÉRAL, *avec désespoir.* – Ah ! oun mé l'avait bienn disse qu'il était oun homme à vouss, oun homme chôli.
280 LUCETTE. – Oh ! oui, joli !
LE GÉNÉRAL. – Mais yo l'avais cru qué nonn… porqué yo l'avais récevou votre lettre… et il essiste ! il essiste ! Oh ! Quel il est cet homme ?
LUCETTE. – Voyons, général, je vous en prie…
285 LE GÉNÉRAL, *avec un rugissement de rage.* – Oh !
LUCETTE, *appuyant gentiment ses deux mains sur son épaule.* – Qu'il vous suffise de savoir que si j'avais eu le cœur libre, je ne vous aurais préféré personne.
LE GÉNÉRAL, *avec un désespoir contenu.* – Ah ! Loucette, qué vous
290 mé donnez mal au cœur !
LUCETTE. – Est-ce ma faute ? Voyez-vous, tant que je l'aimerai, je ne pourrai pas en aimer un autre.
LE GÉNÉRAL, *luttant un peu avec lui-même, puis avec résignation.* – Bueno ! Combienne dé temps il faut à vous pour ça ?
295 LUCETTE, *avec passion.* – Combien de temps ? Oh ! je l'aimerai tant qu'il vivra.

Le Général, *très positif.* – Bueno ! Yo so maintenant qué yo dois faire.

Lucette. – Quoi ?

300 Le Général, *même jeu.* – Rienne ! Yo se.

Lucette, *à part, se rapprochant de la table.* – Ah ! mon Dieu, il me fait peur !

Scène 17

Les mêmes, Bois-d'Enghien, *puis* Firmin

On frappe à la porte de la salle à manger.

Lucette. – Qu'est-ce que c'est ? Entrez.

Bois-d'Enghien, *entrouvrant la porte et contrefaisant sa voix.* – On demande si madame Gautier peut venir un instant.

5 Lucette, *qui a reconnu sa voix.* – Hein ! Ah ! oui ! oui, tout de suite. *(À part.)* L'imprudent !

Le Général, *qui est remonté sans bruit en passant derrière le canapé, ouvrant brusquement la porte dont Bois-d'Enghien tient le bouton de l'autre côté. Brutalement.* – Qu'est-ce qué vous voulez, vous ?

10 Bois-d'Enghien, *qui a été amené en scène, entraîné par le bouton de la porte, très piteux*[1] *et voulant être aimable, faisant des courbettes.* – Bonjour, monsieur.

Lucette, *à part.* – Ah ! mon Dieu !… *(Vivement, présentant Bois-d'Enghien.)* Monsieur de Bois-d'Enghien, général, un
15 camarade.

Le Général, *méfiant.* – Ah ?

---

1. Piteux : confus.

Bois-d'Enghien (2). – Un camarade, c'est le mot, un camarade, pas davantage.

On sonne.

Le Général (3), *défiant*. – Oun câmârâte… pour rienne du toute ?
Lucette (1). – Mais je crois bien pour rien du tout.
Bois-d'Enghien. – Oh ! la ! la !… et même moins.
Le Général. – Bueno, alors, si oun câmârâte…

Il lui serre la main et redescend.

Firmin, *venant de la salle à manger (2), à Lucette (1)*. – Madame ?
Lucette. – Quoi ?
Firmin. – C'est cette dame qui est déjà venue aujourd'hui pour demander à madame de chanter dans une soirée : je l'ai introduite dans la salle à manger.
Lucette. – Ah ! bon ! j'y vais… *(Firmin sort par le vestibule, en laissant la porte grande ouverte.)* Vous permettez, général, un instant.
Le Général, *s'inclinant*. – Yo vous prie !…

Lucette remonte, le général gagne l'extrême droite.

Bois-d'Enghien, *vivement et bas à Lucette*. – Eh ! dis donc, mais c'est que j'ai à m'en aller, moi !
Lucette. – Oh ! bien, attends un peu… c'est l'affaire de cinq minutes, cause avec le général.
Bois-d'Enghien. – Bon ! mais vite, hein ?
Lucette. – Oui ! *(Elle entre dans la salle à manger.)*

Scène 18

LE GÉNÉRAL, BOIS-D'ENGHIEN,
puis LUCETTE, LA BARONNE

Un temps pendant lequel les deux personnages échangent de petits rires comme des gens qui n'ont trop rien à se dire.

LE GÉNÉRAL, *rompant le silence*. – Il est très amboulatoire[1], mamoisselle Gautier.

BOIS-D'ENGHIEN. – Très « amboulatoire », comme vous dites, général !

LE GÉNÉRAL, *se rapprochant de Bois-d'Enghien*. – Alors, vous l'êtes avec Loucette à la concerte, la même ?

BOIS-D'ENGHIEN. – Comment, je suis…

LE GÉNÉRAL. – Bueno, puisqué vous l'est câmârâde, yo demande si vous l'est de la café-concerte la même ?

BOIS-D'ENGHIEN. – Hein ? Oui, oui, parfaitement… de la même… *(Se reprenant.)* De la même !… *(Même jeu.)* Du même. *(À part.)* Cré nom d'un chien !

LE GÉNÉRAL, *affirmatif*. – Vous l'est ténor[2] !

BOIS-D'ENGHIEN. – Ténor ; c'est ça… vous avez mis le doigt dessus. *(À part.)* Pendant que j'y suis, n'est-ce pas ?

LE GÉNÉRAL. – Yo l'ai visse ça à la tête.

BOIS-D'ENGHIEN. – Ah ! vraiment ? vous êtes physionomiste !

Chantonnant.

Mignonne, quand la nuit descendra sur la terre…
Et que le rossignol viendra chanter encor…

---

1. Jeu de mots sur « déambuler » (marcher sans but précis).
2. *Ténor* : à l'Opéra, chanteur possédant une voix claire et aiguë.

LE GÉNÉRAL, *faisant la grimace et à part.* – Oh ! ça l'est oun chanton dé bouilli-bouilli !...

BOIS-D'ENGHIEN, *toussant.* – Hum ! hum ! Beaucoup de rhumes, cette année.

LE GÉNÉRAL, *lui faisant signe d'approcher.* – Et disse-moi, moussié Bodégué...

BOIS-D'ENGHIEN, *rectifiant.* – Non pardon : « Bois-d'Enghien ! »

LE GÉNÉRAL. – Bueno ! yo disse... « Bodégué... »

BOIS-D'ENGHIEN, *en prenant son parti.* – Oui, enfin !

LE GÉNÉRAL, *sur un ton confidentiel, passant son bras dans le sien.* – Vous... le connaît bien mamoisselle Gautier ?

BOIS-D'ENGHIEN, *un peu fat.* – Mais, dame... oui !

LE GÉNÉRAL. – Vous pouvé mé dire alors... elle paraisse, il a oun amant.

BOIS-D'ENGHIEN. – Hein ?

LE GÉNÉRAL, *retirant son bras.* – Yo lo sais... elle me l'a disse.

BOIS-D'ENGHIEN. – Ah ? alors... *(À part.)* Tiens, moi qui faisais la bête pour qu'il ne sache pas !

LE GÉNÉRAL. – Oun homme très chôli.

BOIS-D'ENGHIEN, *minaudant.* – Mon Dieu, vous savez, je suis bien mal placé...

LE GÉNÉRAL. – Mais yo visse pas des l'hommes chôlis, ici.

BOIS-D'ENGHIEN, *à part.* – Merci !

LE GÉNÉRAL. – Bueno ! Quel il est cet homme, puisque vous le connaît ?

BOIS-D'ENGHIEN, *à part.* – Ah ! et puis, après tout, puisqu'il y tient tant... *(Haut.)* Vous voulez absolument que je vous le dise ?

LE GÉNÉRAL. – Yo vous prie...

BOIS-D'ENGHIEN, *avec fatuité*[1]. – Eh ! bien, c'est... *(Riant.)* Ah ! ah ! ah ! vous voudriez bien le savoir.

LE GÉNÉRAL, *riant aussi.* – Si !... *(Sérieux.)* Porqué yo lo touerai !

---

1. *Fatuité* : satisfaction excessive et ridicule de soi-même.

BOIS-D'ENGHIEN, *ravalant ce qu'il allait dire, et à part, gagnant la gauche.* – Me tuer ! Sapristi ! *(Riant au général pour dissimuler son émotion.)* Ah ! ah ! ah ! elle est bonne ! *(Le général rit aussi par complaisance.)*

> *Ils sont tous les deux à gauche. Pendant ce qui précède, on a vu la porte du vestibule laissée ouverte, et sans être aperçue des deux hommes, passer la baronne reconduite par Lucette.*

LUCETTE, *dans le vestibule, une fois la baronne hors de vue du public.* – C'est entendu, madame, à ce soir !

> *On l'entend fermer la porte, invisible au public, du vestibule sur l'escalier.*

LE GÉNÉRAL, *s'arrêtant de rire et revenant à son idée fixe.* – Bueno, c'est… ?

BOIS-D'ENGHIEN, *apercevant Lucette.* – Hein ? euh ! chut ! oui, tout à l'heure !

LE GÉNÉRAL. – Ah ! bueno ! bueno !…

> *Il gagne la droite.*

BOIS-D'ENGHIEN, *à part.* – Merci, me tuer !

LUCETTE, *entrant avec des cartes dans la main et tout en se dirigeant vers sa chambre.* – Eh bien ! je chante dans le monde, moi, ce soir… *(Au général.)* Je vous demande pardon, général, un moment !

LE GÉNÉRAL, *s'inclinant.* – Yo vous prie…

LUCETTE, *au moment d'entrer dans sa chambre, redescendant un peu et à Bois-d'Enghien.* – Tu ne veux pas venir m'entendre ? J'ai des invitations en blanc[1].

BOIS-D'ENGHIEN. – Non, ce soir, je ne peux pas ! *(À part.)* J'ai autre chose à faire.

LUCETTE. – Et vous, général ?

---

1. *Invitations en blanc* : invitations non personnelles.

LE GÉNÉRAL. – Oh ! si ! avec plaisir !

Il remonte.

85 LUCETTE. – À la bonne heure ! Tenez, général, voilà une carte.

Elle lui donne une carte.

LE GÉNÉRAL. – Muchas gracias !

Il met la carte dans sa poche.

LUCETTE. – Je reviens !

90 *Elle sort.*

BOIS-D'ENGHIEN, *à part, près et à gauche de la table*. – C'est heureux qu'il m'ait prévenu tout de même… moi qui allais lui dire…
LE GÉNÉRAL, *redescendant vers Bois-d'Enghien*. – Bueno, comment elle s'appelle ?
95 BOIS-D'ENGHIEN. – Qui « elle » ?
LE GÉNÉRAL. – L'hômme.
BOIS-D'ENGHIEN, *ahuri*. – Quel homme ?
LE GÉNÉRAL. – L'hômme, il est chôli ?
BOIS-D'ENGHIEN, *qui joue machinalement avec l'écrin de la bague laissé*
100 *sur la table*. – Ah ! oui… euh ! *(Regardant l'écrin et avec aplomb.)* Bouzin… il s'appelle Bouzin !
LE GÉNÉRAL. – Poussin ?… Bueno ! Poussin, c'est oun hômme morte !

Il gagne la droite.
105 *On sonne.*

BOIS-D'ENGHIEN, *à part*. – Brrrou ! il me donne froid dans le dos !

Scène 19

Les mêmes, Firmin, Bouzin

Firmin, *annonçant*. – Monsieur Bouzin !
Le Général. – Hein !
Bois-d'Enghien. – Lui ! Fichtre !

Firmin sort.

Bouzin, *entre du fond, à droite. Très jovial, posant son parapluie contre la chaise qui est au-dessus du canapé.* – Je rapporte la chanson… Lucette Gautier n'est pas là ?
Bois-d'Enghien, *voyant le général qui remonte vers lui, se précipitant entre eux.* – Hein ! non… oui…

Pendant tout ce qui suit, Bois-d'Enghien effaré, ne sachant que faire et n'osant rien dire, essaye toujours de se mettre entre le général et Bouzin, tandis que Bouzin, au contraire, fait tout ce qu'il peut pour aller au général.

Le Général, *à Bouzin*. – Pardon !… Monsieur Poussin, eh ?
Bouzin, *très aimable*. – Oui, monsieur, oui.
Bois-d'Enghien, *affolé*. – Oui, c'est Bouzin, là, c'est Bouzin !
Le Général. – Enchanté qué yo vous vois !
Bouzin, *même jeu*. – Mais, monsieur, croyez que la réciproque[1]…
Le Général. – Donnez-moi votre carte !…
Bouzin. – Comment donc, mais avec plaisir.

Il cherche une carte dans sa poche, tout en écartant Bois-d'Enghien pour se rapprocher du général.

Bois-d'Enghien, *résigné, passant au 1*. – Ah ! mon Dieu !

---

1. *Que la réciproque…* : que je le suis tout autant.

LE GÉNÉRAL. – Voici le mienne !

Il lui tend sa carte, Bouzin lui remet la sienne.

BOUZIN, *lisant*. – Général Irrigua…
LE GÉNÉRAL, *s'inclinant*. – Soi-même !
BOUZIN, *s'inclinant également*. – Ah ! Général !…
LE GÉNÉRAL. – Et maintenant, yo vous prie… vous l'est lipre demain à le matin ?
BOUZIN, *cherchant*. – Demain ?… Oui, pourquoi ?
LE GÉNÉRAL, *se montant petit à petit*. – Porqué yo veux vous amener à la terrain… porqué yo veux votre tête ! *(Le saisissant au collet[1].)* Porqué yo veux vous tuer !
BOUZIN. – Ah ! mon Dieu ! qu'est-ce qu'il dit ?
BOIS-D'ENGHIEN, *suppliant*. – Général…
LE GÉNÉRAL, *secouant Bouzin comme un prunier*. – Porqué yo n'aime pas qu'il est oun paquette dans mes roues… et quand il est oun obstacle, yo saute pas par-dessous !… Yo le supprime.

Il le fait pirouetter en le tenant toujours au collet, ce qui le fait passer à sa gauche.

BOUZIN. – Ah ! mon Dieu, voulez-vous me lâcher ? Voulez-vous me lâcher ?
BOIS-D'ENGHIEN, *essayant de les séparer*. – Général ! du calme !
LE GÉNÉRAL, *le repoussant de la main droite tout en secouant Bouzin de la main gauche*. – Laisse-moi tranquille, Bodégué. *(À Bouzin, en le secouant.)* Et puis, vous l'est pas chôli du tout, vous savez ! Vous l'est pas chôli !
BOUZIN. – Au secours ! au secours !

Tumulte général, cris, etc.

---

1. Collet : cou.

Scène 20

Les mêmes, Lucette

Lucette, *accourant au bruit*. – Qu'est-ce qu'il y a ? Qu'est-ce qui se passe ?
Bouzin, *que le général a lâché en le repoussant, à l'entrée de Lucette, reprenant son équilibre*. – Ah ! Madame, c'est monsieur !
Lucette. – Bouzin ici ! Sortez, monsieur, sortez !

Le général remonte au 3 au-dessus de Lucette[1].

Bouzin. – Hein ! mais comment : j'apportais la chanson.
Lucette. – Eh bien ! remportez-la votre chanson ! Elle est stupide votre chanson !
Bois-d'Enghien. – Stupide !
Le Général, *avec conviction sans même savoir de quoi il s'agit*. – Il est stoupide ! la chanson, il est stoupide !
Lucette, *indiquant la porte*. – Sortez, monsieur ! allez, sortez !
Bouzin. – Moi !
Bois-d'Enghien. – On vous dit de sortir, sortez !
Le Général. – Allez, Poussin ! allez-vous-en !
Tous, *marchant sur lui*. – Allez-vous-en ! allez-vous-en ! allez-vous-en !
Bouzin, *sortant affolé*. – C'est une maison de fous !

Tout ce qui précède doit être joué très vite, pour ne pas ralentir le mouvement de la fin de l'acte.

Lucette, *redescendant un peu derrière Bois-d'Enghien, qui est redescendu également*. – Non, on ne se moque pas du monde comme cet homme-là !

---

1. Bois-d'Enghien (1), Lucette (2), le Général (3) forment une ligne en sifflet allant de la table de gauche au milieu de la scène, en direction de la porte de sortie. Bouzin est au 4, devant le guéridon. (*Note de l'Auteur*.)

Le Général, *redescendant aussi.* – Merci, Loucette, qué vous l'avez fait pour môi !

Lucette. – Quoi donc ?

Le Général. – Qué vous avez chassé cet hômme !

Lucette. – Ah ! bien, si ce n'est que ça, je vous assure qu'il ne viendra plus !

Le Général, *lui baisant la main.* – Merci !

> *Bouzin, pendant ce qui précède, est rentré à pas de loup pour chercher son parapluie qu'il a laissé en se sauvant ; mais, dans son émotion, il s'empêtre dans les meubles et fait tomber la chaise.*

Tous, *se retournant et apercevant Bouzin.* – Encore lui !

Bouzin, *d'une voix étranglée de frayeur.* – J'avais oublié mon parapluie !

Il se sauve.

Tous. – Allez-vous-en, Bouzin, allez-vous-en ! allez-vous-en ! allez-vous-en !

RIDEAU

Acte II

La chambre à coucher de Madame Duverger, dans son hôtel. Grande chambre carrée, riche et élégante, ouvrant au fond par une grande porte à quatre vantaux[1] sur les salons. (Les deux vantaux extrêmes sont fixes et mobiles, à volonté.) À gauche, troisième plan, porte à un battant. À droite,
5 *premier plan, autre porte également à un battant. À gauche, deuxième plan, l'emplacement d'un lit de tête (le lit a été enlevé pour la circonstance), il ne reste que le baldaquin[2] et les rideaux du lit, à la place duquel on a mis un fauteuil. Au fond, face au public et à gauche de la porte d'entrée, grande armoire de style, vide. À droite de la porte d'entrée,*
10 *presque entièrement dissimulée par un paravent à six feuilles[3] (la dernière feuille fixée à l'angle de droite du décor), une toilette de dame avec sa garniture[4]. Devant le paravent, une table carrée, une chaise derrière la table. Une chaise contre le mur de chaque côté de la porte de droite. À gauche, au milieu de la scène une chaise longue placée presque perpendi-*
15 *culairement à la scène, la tête vers le fond, le pied côté du spectateur (le dossier de la chaise longue doit être un peu élevé) ; à gauche également, presque au pied de la chaise longue, un petit guéridon sur lequel est un timbre électrique[5]. À gauche du baldaquin du lit, une chaise roulante. Du milieu, du panneau compris sous le baldaquin émerge une tulipe élec-*
20 *trique[6] qui permet en temps ordinaire de lire dans le lit. Un lustre allumé*

---

1. Vantaux : battants.
2. Baldaquin : ouvrage de tapisserie placé au-dessus d'un lit ou d'un trône.
3. Feuilles : minces plaques.
4. Une toilette de dame avec sa garniture : un meuble de toilette orné d'une parure.
5. Timbre électrique : sonnette d'intérieur destinée à appeler les domestiques.
6. Tulipe électrique : petite lampe fixée au mur par un support métallique et dont le verre est en forme de tulipe.

au milieu de la pièce. Au fond, dans le second salon, face au public, une cheminée. Dans cet acte, tout le monde est en tenue de soirée.

Scène première

VIVIANE, MISS BETTING, *en tenue de ville,*
puis LA BARONNE

VIVIANE, *près du guéridon, à Miss Betting qui, à genoux près d'elle, achève de lui lacer son corsage.* – Will it soon be done, Miss[1] ?
MISS BETTING. – A minute, it is ready !… A pin please[2].
VIVIANE, *lui donnant une épingle.* – Again ! Then you wish my lover
5   to pick his fingers[3].
MISS BETTING, *moitié riant, moitié grondant.* – Oh ! Miss Viviane, shocking[4] !

Elles rient.

LA BARONNE, *entrant du fond.* – Eh, bien ! Viviane, tu es prête ?
10 VIVIANE[5]. – Mais quand Miss aura fini de m'épingler. Je ne sais pas si elle conspire contre mon fiancé, mais je suis plus hérissée de pointes qu'un vieux mur garni de tessons[6] de

---

1. *Will it soon be done, Miss ?* : Est-ce que ce sera bientôt fait, mademoiselle ?
2. *A minute, it is ready !… A pin please* : Une minute, c'est prêt !… Une épingle, s'il vous plaît.
3. *Again ! Then you wish my lover to pick his fingers* : Encore ! Alors, vous souhaitez que mon fiancé se pique les doigts.
4. *Shocking !* : c'est choquant !
5. V. – M. B. – La B. (*Note de l'Auteur.*)
6. *Tessons* : débris.

bouteilles… *(Étourdiment.)* On dirait vraiment qu'elle craint l'escalade !

LA BARONNE, *estomaquée*. – Qu'est-ce que tu dis là ? malheureuse enfant !… Tu emploies des comparaisons !…

VIVIANE, *naïvement*. – Je ne vois pas ce que tu trouves de mal dans ce que j'ai dit !

LA BARONNE, *à part, avec un sourire indulgent.* – C'est vrai !… Pauvre petite !

VIVIANE, *changeant de ton*. – Oh ! maman, tu devrais bien dire à Miss que ce n'est pas gentil à elle de ne pas rester pour mon contrat.

LA BARONNE. – Comment, elle n'y assistera pas ?

VIVIANE. – Non ! Moi qui aurais tant voulu lui montrer mon fiancé !…

LA BARONNE, *à Miss qui vient de se lever, sur un ton aimablement grondeur.* – Oh ! mais pas du tout, Miss, il faut que vous restiez pour notre soirée.

MISS, *souriant.* – What ?

LA BARONNE, *essayant de se faire comprendre.* – Non… Je dis : «Miss, il faut que vous restiez pour notre soirée.» *(Voyant que Miss sourit sans comprendre – avec l'accent anglais.)* Il faut, vous rester… pour soirée de nous !… Soirée… danse… danse ! *(Elle esquisse le mouvement de danser, Miss la regarde en souriant, l'air hébété. Au public.)* Elle n'a pas saisi une syllabe ! Ce n'est pourtant pas difficile à comprendre ce que je lui dis !

MISS, *souriant toujours*. – What does that mean[1] ?

LA BARONNE, *abandonnant la partie à Viviane*. – Oh ! explique-lui, toi ! moi, j'y renonce.

VIVIANE, *à Miss, en anglais*. – Mamma wishes you to say if you really can not stay to our soirée[2].

---

1. *What does that mean ?* : Qu'est-ce que cela signifie ?
2. *Mamma wishes you to say if you really can not stay to our soirée* : Maman désire que vous lui disiez s'il vous est vraiment impossible de rester à notre soirée.

MISS, *à la baronne et très rapidement*. – Oh! no! and I much regret it, for it would have given me the pleasure of getting acquainted with Miss Vivian's lover; but my mother is poorly, and I promised to spend the evening with her[1].

LA BARONNE, *qui a écouté cette avalanche de paroles avec un sérieux comique, accompagné de hochements de tête comme si elle comprenait*. – Oui, oui, oui! c'est pas la peine de me dire tout ça à moi, je ne comprends pas un mot! *(À Viviane en riant.)* Qu'est-ce qu'elle a dit?

VIVIANE. – Elle dit qu'elle regrette bien, parce qu'elle aurait pu faire la connaissance de mon fiancé, mais qu'elle est obligée d'aller retrouver sa mère qui est souffrante.

LA BARONNE, *avec intérêt*. – Ah! oui, oui... yes, yes!... maman malade... ill... ill...

MISS, *désolée*. – Oh! yes... and I am very anxious about her: at here age, the least illness can become serious[2].

LA BARONNE, *qui n'a pas compris un mot*. – Oui, oui, yes, yes!... *(Au public avec pleine conviction.)* Et l'on dit que le français est une langue difficile!...

VIVIANE, *à Miss qui achève de disposer sa toilette*. – Are you ready, Miss[3]?

MISS, *à Viviane*. – Now it is ready[4].

VIVIANE, *passant au 2*. – Ah! c'est pas malheureux! Thank you, Miss.

---

1. *Oh! no! [...] I promised to spend the evening with her* : Oh! non! et je le regrette beaucoup, car cela m'aurait fait plaisir de rencontrer le fiancé de mademoiselle Viviane; mais ma mère est souffrante et je lui ai promis de passer la soirée avec elle.
2. *Oh! yes... [...] the least illness can become serious* : Oh! oui... et je me fais beaucoup de souci à son sujet : à son âge, la moindre maladie peut devenir sérieuse.
3. *Are you ready, Miss?* : Êtes-vous prête, mademoiselle?
4. *Now it is ready* : Maintenant, c'est prêt.

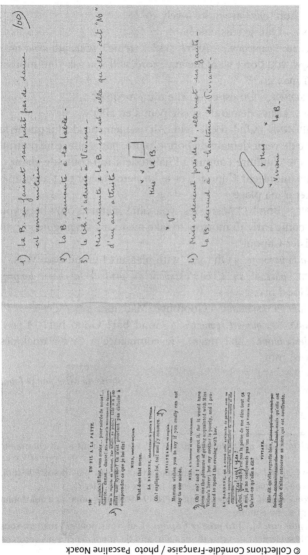

Relevé de mise en scène de Jacques Charon pour sa mise en scène à la Comédie-Française (1961).

MISS. – Aoh ! you are quite lovely so[1] !...
VIVIANE. – Oui, je suis chic !
MISS, *avec conviction*. – Aoh ! yes !... tchic ! *(Changeant de ton.)*
Now, you don't want me any more, will you ask your mother if I may go[2] ?
LA BARONNE. – Qu'est-ce qu'elle dit, « mégo » ?
VIVIANE. – Miss demande si elle peut s'en aller.
LA BARONNE. – Oh ! si elle veut. Ah ! seulement, dis-lui que je la prie de venir demain de bonne heure, parce que je ne pourrai pas te conduire comme à l'habitude à ton cours de chant... chez monsieur Capoul[3], et je lui demanderai de t'accompagner à ma place.
VIVIANE. – Bon ! *(À Miss.)* Yes, you can ! mamma only begs you to come early to morrow to take me to my singing lesson, to mister Capoul[4].
MISS, *à la baronne*. – Oh ! yes, with pleasure ! Good bye, Miss.
VIVIANE, *passant au 1, et s'asseyant au pied de la chaise longue*. – Good bye.
MISS, *tout en remontant*. – Good bye, Madame.
LA BARONNE, *qui est remontée*. – Goud bai ! Goud bai ! *(À part, redescendant.)* Eh ! mais... je commence à savoir quelques mots, moi !

Sortie de Miss par le fond.

---

1. *Aoh ! you are quite lovely so !* : Oh ! vous êtes tout à fait charmante comme ça !
2. *Now [...] if I may go ?* : Maintenant, vous n'avez plus besoin de moi, voulez-vous demander à votre mère si je peux m'en aller ?
3. *Victor Capoul* : chanteur d'opéra (1839-1924) très populaire qui donna son nom à une coiffure.
4. *Yes, you can ! [...] to mister Capoul* : Oui, vous pouvez ! maman vous demande seulement de venir tôt demain, afin de m'emmener à ma leçon de chant, chez monsieur Capoul.

■ Croquis du costume de Miss Betting par Vanessa Sannino pour la mise en scène de Jérôme Deschamps à la Comédie-Française (2010).

Scène 2

Viviane, la Baronne[1]

La Baronne, *allant à Viviane, la regardant, avec tendresse, l'embrasse, puis s'asseyant, près d'elle, sur la chaise longue.* – Eh bien ! ma chérie, nous voilà arrivées au grand jour !
Viviane, *indifférente.* – Mon Dieu, oui !…
5 La Baronne, *le bras passé autour de la taille de sa fille.* – Tu es contente de devenir la femme de monsieur de Bois-d'Enghien ?
Viviane. – Moi ?… Oh ! ça m'est égal !
La Baronne, *ahurie.* – Comment, ça t'est égal ?
10 Viviane, *positive.* – En somme, ça n'est jamais que pour en faire mon mari !
La Baronne. – Eh bien ! mais… il me semble que ça suffit ! Ah ! çà pourquoi crois-tu donc qu'on se marie ?
Viviane. – Oh ! pour faire comme tout le monde ! parce qu'il
15 arrive un temps où, comme autrefois on a quitté sa bonne pour prendre une gouvernante, on doit quitter sa gouvernante pour prendre un mari.
La Baronne, *renversée*[2]. – Oh !
Viviane. – C'est une dame de compagnie… homme, voilà !
20 La Baronne. – Mais il y a autre chose !… Et la maternité, qu'est-ce que tu en fais ?…
Viviane. – Ah ! oui, la maternité, ça c'est gentil !… mais… qu'est-ce que le mari a à faire là-dedans ?
La Baronne. – Comment, « ce qu'il a à faire » ?
25 Viviane, *très logique.* – Mais dame ! est-ce qu'il n'y a pas un tas de demoiselles qui ont des enfants et un tas de femmes mariées

---
1. V. – M. B. – La B. (*Note de l'Auteur.*)
2. *Renversée* : extrêmement surprise.

qui n'en ont pas !… Par conséquent, si c'était le mari… n'est-ce pas ?…

LA BARONNE *va pour lui répondre, puis ne trouvant rien, se levant et gagnant la droite.* – Elle est déconcertante ! *(À Viviane qui s'est levée.)* Enfin, en quoi ne te plaît-il pas, monsieur de Bois-d'Enghien ? Un beau nom ?…

VIVIANE, *gagnant l'extrême gauche et avec une moue.* – Pffeu ! noblesse de l'Empire !

LA BARONNE. – Il est bien de sa personne !…

VIVIANE, *remontant jusqu'au-dessus de la chaise longue.* – Oh ! pour un mari, on est toujours assez bien !… Regarde dans n'importe quel ménage, quand il y a deux hommes, c'est toujours le mari qui est le plus laid… alors !…

LA BARONNE, *qui est remontée parallèlement à sa fille, redescend.* – Mais, ça n'est pas obligatoire ! Et puisqu'on se marie, autant chercher dans son époux son idéal complet, quand ça ne serait que pour éviter de le compléter[1] ensuite !

VIVIANE, *allant à elle.* – Oh ! bien, oui ! mais comme moi, mon idéal d'homme, c'est justement toujours l'homme que je ne peux pas épouser…

LA BARONNE. – Pourquoi ça ?

VIVIANE. – Parce que tu ne voudrais pas !… Moi, j'aurais désiré un homme très en vue…

LA BARONNE. – Eh bien ! mais je comprends très bien ça… un artiste, par exemple.

VIVIANE. – Non… un mauvais sujet.

LA BARONNE, *bondissant.* – Qu'est-ce que tu dis ?

VIVIANE. – Un homme comme monsieur de Frenel, tiens ! *(Mouvement de la baronne.)* Je le cite comme j'en citerais tant d'autres. Tu sais, celui que nous avons vu l'été dernier à Trouville ! Ah ! voilà un mauvais sujet qui m'aurait convenu.

---

1. *De le compléter* : de prendre un amant.

LA BARONNE. – Oh! l'horreur... Un garçon qui a une réputation!...
60 VIVIANE, *appuyant sur le mot.* – Détestable! oui, maman... C'est ça qui vous pose un homme...
LA BARONNE. – Oh!
VIVIANE. – Un monsieur dont on pouvait citer toutes les maîtresses!
65 LA BARONNE, *scandalisée.* – «Les maîtresses»! Viviane, où as-tu appris à prononcer ces mots-là?
VIVIANE, *très naturellement.* – Dans l'histoire de France, maman. *(Récitant.)* Henri IV, Louis XIV, Louis XV[1], 1715-1774.
LA BARONNE, *avec candeur*[2]. – Oh! des rois! donner un pareil
70 exemple à des jeunes filles!
VIVIANE. – Il paraît qu'il y en a même trois qui sont mortes pour lui!
LA BARONNE. – Pour Louis XV?
VIVIANE. – Mais non!... pour monsieur de Frenel... deux d'un
75 coup de revolver et la troisième d'indigestion. *(Changement de ton.)* Aussi, ce que toutes les femmes couraient après lui, à Trouville!...
LA BARONNE, *la ramenant à elle au moment où elle va pour gagner la gauche.* – Mais toi, toi! ça ne me dit pas comment il t'a plu?
80 VIVIANE. – Tiens! c'est quand j'ai vu que toutes les femmes en avaient envie! c'est comme en tout, ça! Pourquoi désire-t-on une chose? C'est parce que les autres la désirent... Qu'est-ce qui fait la valeur d'un objet? C'est l'offre et la demande. Eh bien! pour monsieur de Frenel...
85 LA BARONNE. – Il y avait beaucoup de demandes?
VIVIANE. – Tu y es! Alors je me disais: «Voilà comme j'aimerais un mari!», parce qu'un mari comme ça, c'est flatteur! ça devient comme une espèce de Légion d'honneur! et l'on est

---
1. Ces trois rois sont connus pour avoir eu de nombreuses maîtresses.
2. *Candeur* : naïveté spontanée.

doublement fier de l'obtenir : d'abord pour la distinction dont on est l'objet, et puis... parce que ça fait rager les autres !...

LA BARONNE. – Mais c'est de la vanité, ça ! ce n'est pas de l'amour !...

VIVIANE. – Je te demande pardon, c'est ça, l'amour ! C'est quand on peut se dire : « Ah ! ah ! cet homme-là, vous auriez bien voulu l'avoir... Eh bien ! c'est moi qui l'ai, et vous ne l'aurez pas ! » *(Avec une petite révérence.)* C'est pas autre chose, l'amour !

LA BARONNE, *descendant un peu.* – Qu'est-ce que tu veux, tu me déconcertes !

VIVIANE, *la rejoignant par-derrière et, comme une enfant câline, la tête par-dessus l'épaule de sa mère, l'enserrant de ses deux bras.* – Non, vois-tu, maman, tu es encore trop jeune pour comprendre ça !...

LA BARONNE, *riant.* – Il faut croire !

Elle l'embrasse.

VIVIANE. – Eh bien ! voilà justement ce que je reproche à monsieur de Bois-d'Enghien ; il est très gentil, très bien, mais... il ne fait pas sensation ! Enfin ! quand on pense... qu'il n'y a pas la plus petite femme qui se soit tuée pour lui !...

LA BARONNE. – Est-ce que ça l'empêchera de te rendre heureuse ?

VIVIANE, *quittant sa mère et gagnant la gauche.* – Oh ! ça, je n'en doute pas... *(Revenant à sa mère.)* Et puis, si ça n'était pas, avec le divorce[1], n'est-ce pas ? c'est si simple !

Elle gagne la gauche.

LA BARONNE, *au public.* – Allons ! elle me paraît en bonne disposition pour le mariage !...

---

1. En 1884, la loi Naquet autorisant le divorce venait d'être promulguée.

Scène 3

Les mêmes, Émile, *puis* Bois-d'Enghien

Émile, *du fond.* – Monsieur de Bois-d'Enghien, madame.
La Baronne. – Lui ! Faites-le entrer.
Bois-d'Enghien, *très gai, très empressé, un bouquet de fiancé à la main.* – Bonjour, belle-maman ! bonjour ma petite femme !
5 La Baronne (3). – Bonjour, mon gendre !
Viviane (1), *lui souriant en prenant le bouquet qu'il lui présente.* – Toujours des fleurs, alors ?
Bois-d'Enghien (2). – Pour vous, jamais trop ! *(À part.)* Et puis ça m'est égal, j'ai un forfait avec mon fleuriste.

10 *Viviane a déposé le bouquet sur le guéridon.*

La Baronne. – Vous n'embrassez pas votre fiancée ?... Aujourd'hui, ça vous est permis !
Bois-d'Enghien. – Comment donc ! tout le temps ! tout le temps ! *(En l'embrassant, il se pique à une des épingles du corsage de*
15 *Viviane.)* Oh !
Viviane, *moqueuse.* – Prenez garde, j'ai des épingles !
Bois-d'Enghien, *se suçant le doigt.* – Vous ne l'auriez pas dit que je ne m'en serais pas aperçu !
Viviane. – Voilà ce que c'est que de mettre les mains...
20 Bois-d'Enghien. – Eh bien ! encore une fois, là... sans les mains !
Viviane. – Ouh ! gourmand !

Il l'embrasse en gardant ses mains derrière le dos.

La Baronne, *qui s'est approchée de Bois-d'Enghien, de façon qu'en se retournant, la figure de celui-ci se trouve portée contre la sienne – ten-*
25 *dant la joue.* – Et la belle-maman, alors, on ne l'embrasse pas ?

118 | Un fil à la patte

BOIS-D'ENGHIEN, *après avoir fait une légère grimace.* – Si ! si ! comment donc ! Ah ! bien… *(Il l'embrasse ; puis à part, au public.)* Le plat de résistance[1] après le dessert.

LA BARONNE, *joviale.* – Et moi, au moins, on peut mettre les mains, je n'ai pas d'épingles !

BOIS-D'ENGHIEN. – À la bonne heure !

LA BARONNE. – Et maintenant, une bonne nouvelle pour vous, mon gendre… L'église ayant tous ses services retenus pour le jour que nous avons fixé, j'ai décidé d'avancer le mariage de deux jours.

BOIS-D'ENGHIEN, *ravi.* – Ah ! bien, j'en suis bien aise !… Justement mon fleuriste me disait tout à l'heure : « Comme vous faites durer longtemps vos fiançailles »… *(À Viviane.)* Ah ! bien, je suis bien content !

LA BARONNE, *dans le dos de Bois-d'Enghien.* – Vous la rendrez heureuse, n'est-ce pas ?

BOIS-D'ENGHIEN, *se retournant.* – Qui ça ?

LA BARONNE. – Eh bien ! ma fille, voyons ! pas le Grand Turc[2] !

BOIS-D'ENGHIEN. – C'est juste ! Je fais des réflexions bêtes.

VIVIANE. – Et puis, c'est ce que je disais à maman, avec le divorce, n'est-ce pas ?

BOIS-D'ENGHIEN, *interloqué.* – Ah ! vous avez déjà envisagé… ?

VIVIANE. – Oh ! moi, je trouve ça très chic, d'être divorcée !

BOIS-D'ENGHIEN. – Ah ?

VIVIANE. – J'aimerais encore mieux ça que d'être veuve !

BOIS-D'ENGHIEN. – Tiens ! Et moi aussi !

LA BARONNE, *un peu au-dessus de Bois-d'Enghien, lui prenant la main gauche de sa main gauche, l'autre main sur l'épaule de son gendre.* – D'ailleurs, ce sont là des extrémités auxquelles vous n'aurez jamais à recourir, Dieu merci ! Fernand est un garçon sérieux, rangé…

---

1. *Plat de résistance* : plat principal.
2. *Le Grand Turc* : l'empereur de Turquie.

VIVIANE, *avec un soupir.* – Oh ! oui !…
BOIS-D'ENGHIEN. – Ça !…
LA BARONNE, *quittant la main de Bois-d'Enghien.* – Il a sans doute eu, comme tous les jeunes gens, ses petits péchés de jeunesse…
BOIS-D'ENGHIEN, *avec aplomb.* – Jamais !…
LA BARONNE, *à mi-voix à Bois-d'Enghien, ravie.* – Comment ! pas la moindre petite bonne amie !
BOIS-D'ENGHIEN. – Moi ?… Ah ! bien… mais je ne comprends pas ça ! Souvent je voyais des petits jeunes gens de mon âge courir les demoiselles… ça me passait[1] ! Je leur disais : « Mais enfin, qu'est-ce que vous pouvez bien faire avec ces femmes ?… »
VIVIANE, *avec pitié, à part.* – Oh ! la, la, la, la !
BOIS-D'ENGHIEN. – Moi, je n'ai jamais aimé qu'une seule femme !…
VIVIANE ET LA BARONNE, *se rapprochant vivement et chacune sur un ton différent ; la première, comme s'il y avait : « Serait-ce possible ! », l'autre comme elle dirait « Je le savais bien ! ».* – Ah !
BOIS-D'ENGHIEN. – C'était ma mère !

> *Viviane, qui s'était rapprochée avec une lueur d'espoir, retourne où elle était, avec déception.*

LA BARONNE, *touchée.* – C'est bien, ça !
BOIS-D'ENGHIEN. – Je m'étais toujours dit : « Je veux me réserver tout entier pour celle qui sera mon épouse. »
LA BARONNE, *lui serrant la main et le montrant à sa fille.* – Je te dis ! Tu ne sais pas… tu ne sais pas apprécier l'homme que tu épouses !
BOIS-D'ENGHIEN. – Je ne veux pas qu'on puisse dire de moi, comme de tant d'autres, que j'apporte en ménage les rinçures de ma vie de garçon[2] !

---

1. *Ça me passait* : ça me dépassait, je ne comprenais pas.
2. *Les rinçures de ma vie de garçon* : les aventures que j'ai eues en tant que célibataire (argot).

VIVIANE. – Quelles rinçures ? Des rinçures de quoi ?
BOIS-D'ENGHIEN, *interloqué*. – Hein ? De... je ne sais pas ! c'est une expression : on dit comme ça : « Apporter les rinçures de sa vie de garçon ! » Ça ne peut pas se préciser, mais ça fait image !
LA BARONNE. – Oui, oui ! il a raison.
BOIS-D'ENGHIEN, *à Viviane*. – Eh bien ! moi, au moins en m'épousant, vous pouvez vous dire que c'est moralement comme si vous épousiez... Jeanne d'Arc.
VIVIANE, *le regardant*. – Jeanne d'Arc ?
BOIS-D'ENGHIEN. – Tout sexe à part[1], bien entendu !
VIVIANE. – Pourquoi Jeanne d'Arc ? Vous avez sauvé la France ?
BOIS-D'ENGHIEN. – Non ! je n'ai pas eu l'occasion ! Mais tel j'arrive à la fin de ma vie de garçon, et avec l'âme aussi pure... que Jeanne d'Arc à la fin de sa vie d'héroïsme, quand elle comparut au tribunal de cet affreux Cauchon[2] !
LA BARONNE, *sévèrement*. – Fernand ! ces expressions dans votre bouche !
BOIS-D'ENGHIEN. – Eh bien ! comment voulez-vous que je dise ?... Il s'appelle Cauchon, je ne peux pas l'appeler Arthur !...
VIVIANE, *railleuse*. – C'est juste !
LA BARONNE. – Fernand, vous êtes une perle...
VIVIANE. – Il est encore au-dessus de ce que je croyais !...
BOIS-D'ENGHIEN, *à part, passant au 3*. – C'est un peu canaille, ce que je fais là... mais ça me fait bien voir !...

---

1. *Tout sexe à part* : excepté le fait que je suis un homme.
2. Pierre Cauchon, évêque de Beauvais, puis de Lisieux, présida le tribunal qui condamna Jeanne d'Arc en 1431.

Scène 4

Les mêmes, Émile, *puis* De Fontanet

Émile (3), *du fond*. – Madame, il y a déjà un monsieur d'arrivé.
La Baronne (2). – Déjà ! qui ça ?
Émile. – Monsieur de Fontanet !
Bois-d'Enghien (4), *à part, sursautant*. – Fontanet, fichtre ! le bonhomme de ce matin !
La Baronne. – Qu'est-ce que vous avez ? Vous le connaissez ?
Bois-d'Enghien, *vivement*. – Moi ? Pas du tout !
La Baronne. – Ah ! Je croyais ! *(À Émile.)* Priez monsieur de Fontanet de venir nous retrouver ici…

Émile sort.

Bois-d'Enghien. – Hein ! Comment, ici ?
La Baronne. – Pourquoi pas ? Je ne fais pas de cérémonies avec Fontanet.
Bois-d'Enghien, *à part*. – Mon Dieu ! Et impossible de le prévenir ! Pourvu qu'il ne mette pas les pieds dans le plat !
Émile, *introduisant Fontanet*. – Si monsieur veut entrer.

Il sort après avoir introduit.

De Fontanet[1]. – Ah ! bonjour baronne ! bonjour.
Bois-d'Enghien, *qui s'est précipité à sa rencontre de façon à se mettre entre lui et la baronne*. – Ah ! la bonne surprise ! Bonjour, ça va bien ? *(Il l'emmène ainsi jusqu'à l'avant-scène.)*
De Fontanet (4), *ahuri de cet accueil*. – Comment, vous ici !…
Bois-d'Enghien. – Moi-même !
La Baronne, *qui ne comprend rien à la scène*. – Hein ?

---

1. V. – La B. – F. – B. *(Note de l'Auteur.)*

BOIS-D'ENGHIEN, *bas et vivement, à Fontanet.* – Pas d'impair[1], surtout, pas d'impair ! *(Haut.)* Ah ! ce cher Fontanet !

LA BARONNE. – Vous le connaissez donc ?

BOIS-D'ENGHIEN. – Parbleu, si je le connais !

LA BARONNE. – Mais vous venez de nous dire…

BOIS-D'ENGHIEN. – Parce que je ne savais pas que c'était de lui que vous me parliez ! Mais je ne connais que lui, ce cher Fontanet !

Il lui serre la main.

DE FONTANET. – Comment ! pas plus tard que ce matin, nous avons déjeuné ensemble !

BOIS-D'ENGHIEN, *très troublé.* – Hein ! ce matin… Ah ! oui ! oh ! si peu… je n'avais pas faim, alors…

LA BARONNE. – Tiens ! Où ça avez-vous déjeuné ?

BOIS-D'ENGHIEN, *faisant des signes à Fontanet.* – Eh ! bien, là-bas… vous savez… comment ça s'appelle donc déjà ?…

DE FONTANET. – Chez la divette !

BOIS-D'ENGHIEN. – L'idiot.

LA BARONNE. – Chez la divette ?

VIVIANE. – Qu'est-ce que c'est la divette ?

BOIS-D'ENGHIEN, *vivement.* – C'est un restaurant ! Le restaurant Ladivette !

DE FONTANET, *à part.* – Qu'est-ce qu'il dit ?

BOIS-D'ENGHIEN, *à la baronne et à Viviane, s'efforçant de rire.* – Comment, vous ne connaissez pas le restaurant Ladivette ?

LA BARONNE ET VIVIANE. – Non !

BOIS-D'ENGHIEN, *riant très fort pour dissimuler son trouble.* – Ah ! dites donc, Fontanet, elles ne connaissent pas le restaurant Ladivette !

DE FONTANET, *riant comme lui.* – Ah ! ah ! ah ? *(Changement de ton.)* Moi non plus.

---

1. *Impair* : maladresse, bourde.

Bois-d'Enghien, *ne pouvant retenir une grimace.* – Oh ! *(Reprenant son rire bruyant, mais sans conviction.)* Ni vous non plus ! *(Le montrant au doigt.)* Ah ! ah ! ah ! il va dans un restaurant, et il ne sait même pas comment il s'appelle !... *(Marchant sur lui et lui poussant des bottes[1] de façon à lui faire gagner l'extrémité de la scène.)* Ah ! ce cher Fontanet qui ne connaît pas le restaurant Ladivette ! *(Vivement et bas.)* Taisez-vous donc, voyons !... taisez-vous donc !

La Baronne, *qui a ri avec eux, gaiement.* – Et où le prenez-vous[2] ce restaurant Ladivette ?

Bois-d'Enghien, *étourdiment.* – Je ne le prends pas !

La Baronne. – Hein ?

Bois-d'Enghien. – Ah ! « Où je le prends... le restaurant Ladivette ? » *(À Fontanet)* Belle-maman me demande où je le prends.

La Baronne. – Eh bien ! oui, où le prenez-vous ?

Bois-d'Enghien. – J'entends bien ! *(À part.)* Quelle fichue idée on a eue de parler du restaurant Ladivette !

Viviane. – Eh bien ?

Bois-d'Enghien, *très embarrassé.* – Eh bien ! voilà, euh !... C'est un peu loin...

La Baronne, *gaiement.* – Ça ne fait rien.

Bois-d'Enghien. – Bon ! Eh bien ! n'est-ce pas, vous êtes sur la place de l'Opéra... Vous savez où c'est, la place de l'Opéra ?

La Baronne. – Mais oui, mais oui !

Bois-d'Enghien. – Vous vous mettez comme ça sur le refuge, vous avez l'Opéra devant vous, et l'avenue dans le dos ! Vous voyez ça ? Bon...*(Se retournant brusquement sur lui-même, et tout le monde avec lui.)* Vous vous retournez vivement ! *(Sur un ton calme.)*... De façon à avoir l'Opéra dans le dos, et l'avenue en face...

---

1. ***Lui poussant des bottes*** : le faisant reculer.
2. ***Où le prenez-vous ?*** : où se situe-t-il ?

La Baronne. – Mais pardon !… Il aurait été plus simple de commencer par là tout de suite.

Bois-d'Enghien. – Ça, c'est vrai, mais enfin, ça ne s'est pas trouvé comme ça.

La Baronne, *au moment où Bois-d'Enghien va continuer.* – Et puis, dites donc, vous savez, je vous demande ça… au fond, ça m'est égal !

Bois-d'Enghien. – Oui ? Ah ! bien, alors inutile, n'est-ce pas ? *(À part.)* Ouf !

De Fontanet, *à part, le considérant.* – Qu'est-ce qu'il a donc ?

La Baronne, *à Fontanet.* – Ce qu'il y a de plus clair dans tout ça, c'est que vous vous connaissez, je n'ai donc pas besoin de vous présenter le fiancé de ma fille.

De Fontanet. – Qui ça, le fiancé de votre fille ?

La Baronne. – Mais lui ! Monsieur de Bois-d'Enghien !

De Fontanet. – Hein ! comment ? C'est lui qui… *(À part.)* L'amant de Lucette… Oh ! la, la ! je comprends maintenant le restaurant Ladivette ! *(Haut.)* Comment, c'est vous qui… Eh bien ! hein ? quand je vous disais ce matin que le fiancé avait un nom dans le genre du vôtre… hein ?

Bois-d'Enghien, *à part.* – L'animal ! tiens !

> *À bout de ressources, il lui écrase un pied de toute la force de son talon.*

De Fontanet, *hurlant de douleur.* – Oh ! la, la, la ! Oh ! la, la !

Tous. – Qu'est-ce que vous avez ?

Bois-d'Enghien, *faisant plus de bruit que tout le monde.* – Qu'est-ce que vous avez ? Vous avez quelque chose ? Il a quelque chose !… Qu'est-ce que vous avez ? dites-le ?

De Fontanet, *qui est allé s'asseoir à cloche-pied sur le canapé.* – Oh ! mon pied ! Oh ! mon pied !

Bois-d'Enghien, *à part.* – Comme ça, ça changera la conversation.

> *Il remonte.*

120 DE FONTANET[1], *furieux.* – Oh ! la, la ! C'est vous !... avec votre talon !...

BOIS-D'ENGHIEN. – Moi ? Comment ? Oh !...

DE FONTANET. – Oh ! la, la ! juste sur mon cor[2].

BOIS-D'ENGHIEN. – Vous avez des cors ? Il a des cors ! Oh ! c'est laid, ça !

DE FONTANET. – Ah ! je ne sais pas si c'est laid, mais quand on vous marche dessus, c'est affreux.

VIVIANE, *de l'autre côté de la chaise longue.* – Eh bien ! vous sentez-vous mieux, monsieur de Fontanet ?

130 DE FONTANET, *se levant et gagnant le 4 en marchant avec difficulté.* – Merci, mademoiselle, merci : ça va un peu mieux !...

BOIS-D'ENGHIEN (3). – Mais oui, mais oui ! Ça ne l'empêchera pas de signer à notre contrat quand maître Lantery sera arrivé !

DE FONTANET, *tout en se frottant le pied qu'il ne peut encore poser carrément par terre.* – Ah ! c'est maître Lantery qui est votre notaire.

LA BARONNE (2). – Oui, oui. Oh ! très bon notaire.

BOIS-D'ENGHIEN. – N'est-ce pas ?

DE FONTANET. – Il n'a qu'un défaut, le pauvre homme : ce qu'il sent mauvais !

140 TOUS, *retenant une envie de rire.* – Ah ?

DE FONTANET. – Vous n'avez pas remarqué ? Ffut ! *(Il souffle ainsi dans le nez de Bois-d'Enghien.)* Ah ! c'est insoutenable !

Il gagne la droite.

BOIS-D'ENGHIEN, *à part.* – La pelle qui se moque du fourgon[3].

---

1. V. – La B. – F. Sur la chaise longue. – B. *(Note de l'Auteur.)*
2. *Cor* : petite tumeur sans inflammation mais douloureuse, localisée en général sur les orteils.
3. *La pelle qui se moque du fourgon* : proverbe qui s'applique à deux personnes, également ridicules, qui se moquent l'une de l'autre.

Scène 5

Les mêmes, Émile

Émile, *un plateau avec une carte à la main, descendant au 3.* – Madame, une dame est là, accompagnée de deux personnes. Elle dit que Madame l'attend ! voici sa carte.
La Baronne. – Ah ! parfaitement !… j'y vais !

Émile remonte.

Bois-d'Enghien. – Qu'est-ce que c'est ?
La Baronne. – Ah ! voilà, c'est une surprise que je ménage[1] à mes invités.
De Fontanet. – Vraiment ?
Bois-d'Enghien. – Mais à nous, vous pouvez bien dire…
La Baronne. – Non ! non ! vous verrez, vous verrez ! c'est une surprise ! vous serez contents ! Viens, Viviane !
Viviane. – Oui, maman !

Sortie de la baronne et de Viviane par le fond.

Bois-d'Enghien (1), *qui a accompagné la baronne jusqu'au fond, redescend vivement sur Fontanet (2).* – Mais malheureux, vous ne vous aperceviez donc pas des transes[2] par lesquelles vous me faisiez passer tout à l'heure ?
De Fontanet. – Eh ! mon ami, je l'ai compris après : mais est-ce que je pouvais penser que vous étiez le fiancé, vous, l'amant de Lucette Gautier !
Bois-d'Enghien. – Eh ! Lucette ! il y a quinze jours que c'est fini !
De Fontanet. – Comment ! je vous y ai vu ce matin !

---

1. *Ménage* : prépare.
2. *Transes* : vives inquiétudes.

BOIS-D'ENGHIEN. – Qu'est-ce que ça prouve ça ? Ce matin… c'était en passant… pour prendre congé… P. P. C., l'adieu… de l'étrier[1] !

Il gagne la gauche.

DE FONTANET. – Ah ?

BOIS-D'ENGHIEN, *revenant vivement à lui*. – Surtout, n'est-ce pas ? Si vous voyez Lucette Gautier, pas un mot de mon mariage ! Elle le saura bien assez tôt !

DE FONTANET. – Entendu ! entendu !

Voix dans la coulisse.

DE FONTANET. – Tiens ! voilà la baronne qui revient !

BOIS-D'ENGHIEN, *d'un air indifférent*. – Avec sa surprise, sans doute.

DE FONTANET. – Tiens ! Voyons-la ?… (*Bois-d'Enghien reste à l'avant-scène. Fontanet remonte et une fois au fond, parlant dans la coulisse.*) Comment, c'est elle !… Comment, c'est vous !

Il disparaît dans le second salon.

BOIS-D'ENGHIEN, *pris, lui aussi, de curiosité*. – Qui ça, « vous » ? Qui ça, « elle » ? (*Il remonte, regarde et bondissant.*) Miséricorde !… Lucette Gautier ! (*Il se précipite vers la porte de gauche qu'il trouve fermée.*) Dieu ! c'est fermé ! (*Affolé, ne sachant où donner de la tête.*) Lucette ici ! Pourquoi ? Comment ? (*Il veut traverser la scène pour gagner la porte de droite, mais il s'arrête brusquement au moment de passer devant la porte du fond, en voyant les autres qui arrivent ; il n'a que le temps de rebrousser chemin et de se jeter dans l'armoire du fond.*) Ah ! à la grâce de Dieu !

Il referme les battants sur lui.

---

1. *L'adieu… de l'étrier !* : jeu de mots à partir de l'expression « boire le coup de l'étrier » (boire un dernier verre avant de se quitter).

Le vaudeville à la fin du XIXe siècle

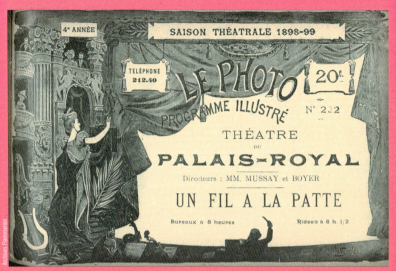

▲ Couverture du programme de la mise en scène d'*Un fil à la patte* au théâtre du Palais-Royal en 1898 (la pièce est jouée pour la quatrième année consécutive).

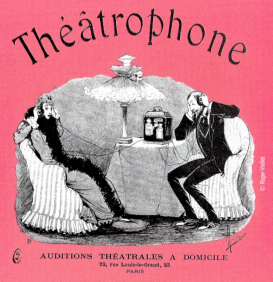

▶ Publicité pour le théâtrophone (v. 1894). Paris, musée des Arts décoratifs.

Le théâtrophone est une invention de Clément Ader datant de 1881. Des micros sont installés de chaque côté de la scène de l'opéra Garnier et permettent d'écouter l'œuvre jouée en restant chez soi. Le procédé est ensuite étendu à d'autres salles de spectacle.

▲ Jean Béraud, *Le Théâtre du Vaudeville* (1889).

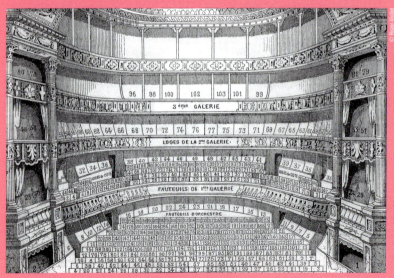

▲ La salle du théâtre du Vaudeville.
Lithographie d'Allais-Schwartz d'après un dessin de S. Barclay (v. 1860).

L'art du mouvement chez Feydeau

◀ Première représentation d'*Un fil à la patte* au théâtre du Palais-Royal, le 9 janvier 1894. Jeu de chaises, acte II, scène 14. Photo de Nadar (1820-1910).

▲ Mise en scène de la pièce par Jérôme Deschamps à la Comédie-Française (2010). Jeu de chaises, acte I, scène 11. De gauche à droite : Chenneviette (Guillaume Galienne), Fontanet (Serge Bagdassarian), Lucette (Florence Viala), Bois-d'Enghien (Hervé Pierre) et Bouzin (Christian Hecq).

▲ Adaptation cinématographique de Guy Lefranc (1954). On reconnaît Bourvil dans le rôle de Bouzin (deuxième personnage en partant de la droite).

▲ Mise en scène de Jérôme Deschamps à la Comédie-Française (2010), acte I, scène 19. De gauche à droite : Bois-d'Enghien (Hervé Pierre), le général Irrigua (Thierry Hancisse) et Bouzin (Christian Hecq).

La scène de l'escalier : Bouzin contre Bois-d'Enghien

◀ Mise en scène de Jacques Charon à la Comédie-Française (1961). Robert Hirsch dans le rôle de Bouzin (à gauche) et Jean Piat dans celui de Bois-d'Enghien.

▼ Mêmes personnages dans l'adaptation cinématographique de Michel Deville (2005), incarnés respectivement par Patrick Timsit et Charles Berling.

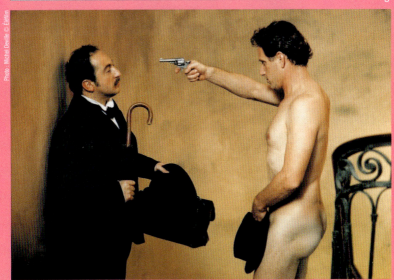

▲ Bois-d'Enghien (Fred Nyssen) confronté à la noce, dans la mise en scène de Michel Kacenelenbogen au théâtre Le Public, à Bruxelles (2011).

◀ Bouzin (Christian Hecq) menaçant Bois-d'Enghien (Hervé Pierre).

◀▼ Mise en scène de Jérôme Deschamps à la Comédie-Française (2010).

▶ Viviane (Georgia Scalliet) et Miss Betting (Guillaume Galienne) dans l'appartement de Bois-d'Enghien (Hervé Pierre), tandis que Bouzin (Christian Hecq) se fait arrêter.

L'acte I en décors

▲ Scénographie de Dimitri Shumelinsky pour l'acte I, dans la mise en scène de Michel Kacenelenbogen au théâtre Le Public, à Bruxelles (2011).

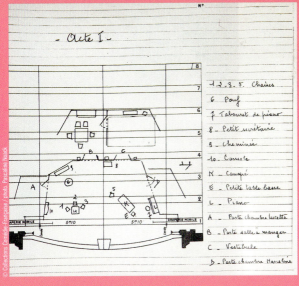

◀ Relevé de mise en scène de Jacques Charon. Plan de l'acte I, pour sa représentation à la Comédie-Française (1961).

▲ Maquette plane de décor, signée André Levasseur, pour l'acte I, dans la mise en scène de Jacques Charon à la Comédie-Française (1961).

▲ Maquette en volume du décor d'André Levasseur.

Scène 6

Les mêmes, la Baronne, Viviane, Lucette, Marceline,
De Chenneviette

Tous les personnages sont dans la pièce du fond.

De Fontanet. – Ah ! bien, c'est égal ! Pour une surprise, voilà bien une surprise !
La Baronne. – N'est-ce pas ? *(À Lucette.)* Tenez, mademoiselle, si vous voulez entrer par ici...
De Fontanet, *à part.* – Dieu ! le malheureux ! *(Haut et vivement, barrant l'entrée à tous les personnages.)* Non ! non ! pas ici ! pas ici !
Tous, *étonnés.* – Pourquoi ?
De Fontanet. – Parce que... Parce que... *(Jetant un rapide regard dans la pièce et ne voyant plus Bois-d'Enghien. À part)* Personne ? *(Haut.)* Ah ! et puis ici, si vous voulez, vous savez !
Tous. – Mais, dame !
De Fontanet, *à part.* – Il a filé, je respire.

Tout le monde entre par la porte du fond dont les quatre vantaux sont ouverts.

La Baronne[1], *à Lucette.* – Voilà, mademoiselle... J'espère que cette pièce vous conviendra.
Lucette. – Mais, comment donc, madame ! J'y serai divinement !
La Baronne, *à Marceline qui porte un gros carton à robe.* – Tenez, si vous voulez poser ça là, ma fille...
Marceline, *à part.* – Sa fille ! En voilà une façon de me parler !

Elle porte le carton sur la table du fond.

---

1. Viv. 1 et Font. 2 au-dessus de la ch. longue. – Luc. 3. – La B. 4. – Marc 5. – Ch. 6 près de la table. *(Note de l'Auteur.)*

LUCETTE, *présentant Chenneviette qui tient le sac de cuir dans lequel sont les objets de toilette et de théâtre de Lucette.* – Voulez-vous me permettre de vous présenter monsieur de Chenneviette, que je me suis permis d'amener, mon plus vieil ami et un peu mon parent... par alliance ; en même temps que mon régisseur[1] quand je vais en soirée.

LA BARONNE. – Enchantée, monsieur.

Chenneviette s'incline.

MARCELINE, *à part.* – Il n'y a pas de danger que ma sœur pense à me présenter, moi !

LA BARONNE. – Vous voyez, mademoiselle ; vous trouverez tout ce qu'il vous faut ici ! C'est ma chambre à coucher que j'ai fait aménager pour la circonstance...

LUCETTE. – Je suis vraiment désolée de vous avoir donné tant de mal !

LA BARONNE. – Du tout ! J'ai tenu à en faire une loge digne d'une étoile comme vous !

LUCETTE. – En effet. *(Apercevant le fauteuil placé sous le baldaquin du lit.)* Que vois-je ?... Un trône !...

TOUS. – Un trône !

LUCETTE. – Ah ! vraiment, c'est trop !

LA BARONNE. – Où ça, un trône ? ça ? Ce n'est pas un trône, c'est le baldaquin de mon lit ! J'ai fait enlever le lit et j'ai mis le fauteuil à la place.

LUCETTE, *un peu dépitée*[2]. – Ah ! je disais aussi...

MARCELINE, *à part.* – C'est bien fait ! C'est pas un trône !

LA BARONNE, *qui va successivement aux différents objets qu'elle désigne, suivie à une certaine distance de Chenneviette qui remplit son emploi de bon régisseur.* – Vous trouverez là, derrière ce paravent, le nécessaire pour la toilette !... *(S'approchant de l'armoire*

---

1. *Régisseur* : personne qui organise matériellement les représentations.
2. *Dépitée* : déçue.

comme pour l'ouvrir.) Voici une armoire où vous pourrez ranger vos costumes ; elle est vide !

> *Elle quitte l'armoire et descend à gauche de la chaise longue.*

LUCETTE. – Parfait !

> *Chenneviette reste à partir de ce moment au-dessus de la chaise longue.*

LA BARONNE. – Sur cette table, un timbre électrique, si vous avez besoin de quelqu'un, vous n'avez qu'à sonner ! D'ailleurs cette porte… *(Elle va à la porte de gauche.)* Tiens ! Qui est-ce qui l'a donc fermée ? *(À Viviane qui est au fond près de l'armoire, causant avec Fontanet.)* Bichette, veux-tu faire le tour ? La clé est de l'autre côté.

VIVIANE. – Oui, maman.

> *Elle sort par le fond.*

LA BARONNE, *gagnant le 3*. – Cette porte donne sur le couloir de service… Votre femme de chambre aura encore plus vite fait d'aller à la cuisine elle-même…

MARCELINE, *piquée*[1]. – La femme de chambre ? Quelle femme de chambre ?

LA BARONNE. – Mais, mademoiselle… est-ce que vous n'êtes pas ?…

MARCELINE, *pincée*[2]. – Pas du tout, madame ! Je suis la sœur de mademoiselle Gautier !

LA BARONNE. – Oh ! pardon, mademoiselle ! je suis désolée…

MARCELINE, *aigre*[3]. – Il n'y a pas de mal. *(À part.)* On lui en donnera des femmes de chambre !

> *Elle remonte à la table s'occuper de son carton.*

---

1. *Piquée* : vexée, irritée.
2. *Pincée* : froide parce que vexée.
3. *Aigre* : amère.

VIVIANE, *entrant de gauche.* – Voilà, c'est ouvert !

> *Elle descend au 1, à gauche de la chaise longue, et prend son bouquet sur le guéridon.*

LA BARONNE (4). – Maintenant, si vous voulez bien, mademoiselle, venir jusqu'au salon pour voir si tout est à votre convenance : l'emplacement du piano, de l'estrade…

LUCETTE (2). – Oh ! ça, ça regarde mon régisseur ! *(À Chenneviette.)* Chenneviette, à toi, mon ami !

DE CHENNEVIETTE. – J'y vais… *(Il remet le sac à Lucette, puis à la baronne.)* Si madame veut m'indiquer…

LA BARONNE, *remontant.* – Nous vous accompagnons. Vous venez, Fontanet ?

DE FONTANET, *qui est dans le salon du fond, adossé à la cheminée.* – Je suis à vos ordres !

LUCETTE, *qui a ouvert son petit sac sur le guéridon.* – Pendant ce temps-là, aidée de ma sœur, moi, ici, je vais faire ma petite installation.

LA BARONNE, *au fond au moment de sortir.* – C'est cela, viens Viviane !… Mais qu'est donc devenu ton fiancé ?

VIVIANE. – Je ne sais pas, maman. Il prend l'air, sans doute.

> *Elle sort avec sa mère en emportant son bouquet.*

Scène 7

LUCETTE, MARCELINE, BOIS-D'ENGHIEN *dans l'armoire*

MARCELINE (2), *qui a ouvert son carton dont elle a déposé le couvercle devant elle sur la chaise, entre le dossier et la table.* – C'est agréable, on me prend pour ta femme de chambre.

LUCETTE. – Eh bien ! il n'est pas écrit sur ta figure que tu es ma sœur !

MARCELINE. – Non, mais tu aimes ça, toi, quand on peut m'humilier !

LUCETTE. – Allons, au lieu de grogner, déballe donc plutôt mes costumes qui se froissent dans ce carton et pends-les dans l'armoire !

MARCELINE, *tout en déballant*. – Oh ! toi, tu seras cause que je ferai un coup de tête, un jour !

LUCETTE. – Et qu'est-ce que tu feras ? mon Dieu !

MARCELINE, *gagnant le milieu de la scène avec un costume de théâtre sur le bras*. – Je prendrai un amant !

LUCETTE. – Toi !

MARCELINE. – Oh ! mais tu ne me connais pas !

> *Elle pétrit nerveusement, et sans faire attention à ce qu'elle fait, le costume qu'elle a sur le bras.*

LUCETTE, *riant*. – Oh ! la, la ! un amant, elle ! *(Changeant de ton.)* Fais donc attention, tiens, à la façon dont tu portes ces effets[1]... *(Passant à droite pendant que Marceline est à l'armoire.)* Ah ! pristi, non, tu n'es pas femme de chambre, parce que si tu étais femme de chambre, tu ne resterais pas longtemps au service des gens...

MARCELINE (1) *allant à l'armoire*. – C'est surtout au tien que je ne resterais pas ! *(Tirant vainement le battant de l'armoire.)* Mais qu'est-ce qu'elle a, cette armoire ?... On ne peut pas l'ouvrir !

LUCETTE, *qui, derrière la table, est en train de remettre le couvercle sur le carton*. – Elle est peut-être fermée, tourne la clé.

MARCELINE. – C'est ce que je fais : il n'y a pas moyen !

LUCETTE. – Comment, il n'y a pas moyen !... *(Allant à l'armoire.)* Ah ! la, la ! même pas capable d'ouvrir une armoire !... Tiens,

---

1. *Effets* : affaires.

ôte-toi de là ! *(Elle la bouscule pour se mettre à sa place et essaye d'ouvrir.)* C'est vrai que c'est dur !

MARCELINE. – Là, je ne suis pas fâchée !...

LUCETTE, *s'épuisant à tirer.* – C'est drôle, on dirait que la résistance vient de l'intérieur ! *(À Marceline.)* Essayons à nous deux, bien ensemble.

LUCETTE ET MARCELINE. – Une, deux, trois. Aïe donc !

> *La porte cède, Bois-d'Enghien entraîné par l'élan, manque de tomber sur elles.*

LUCETTE ET MARCELINE, *poussant un cri strident.* – Ah !

> *Elles reculent épouvantées, n'osant regarder.*

LUCETTE (2). – Un homme !

MARCELINE (3). – Un cambrioleur !

BOIS-D'ENGHIEN, *qui a repris son équilibre dans l'armoire, bien calme.* – Ah ! tiens ! c'est vous ?

LUCETTE. – Fernand !

MARCELINE. – Bois-d'Enghien !

LUCETTE, *moitié colère, moitié tremblante.* – Eh bien ! qu'est-ce que tu fais là, toi ?

BOIS-D'ENGHIEN, *sortant de l'armoire.* – Moi ? eh bien ! tu vois, je… je vous attendais !

LUCETTE, *même jeu.* – Dans l'armoire !

BOIS-D'ENGHIEN. – Hein ! oui, dans… l'armoire… tu sais quelquefois, dans la vie, on a besoin de s'isoler… Et ça va bien depuis tantôt[1] ?

LUCETTE. – Ah ! que c'est bête de vous faire des frayeurs pareilles !

MARCELINE. – Il faut être idiot, vous savez, pour remuer les sangs[2] comme ça !

---

1. *Tantôt* : tout à l'heure.
2. *Remuer les sangs* : nous angoisser.

BOIS-D'ENGHIEN, *avec un rire forcé pour dissimuler son embarras.*
– Ah ! ah ! je vous ai fait peur ! Ah ! ah ! Alors j'ai réussi, c'était une plaisanterie !

LUCETTE. – Tu appelles ça une plaisanterie !

BOIS-D'ENGHIEN, *même jeu.* – Oui, je me suis dit : elle arrive, elle ouvre l'armoire et elle me trouve dedans... C'est ça qui est une bonne farce !

LUCETTE. – Ah ! bien, elle est jolie, la farce !

MARCELINE. – Elle est stupide !

BOIS-D'ENGHIEN. – Merci ! *(À part, descendant à gauche.)* Mon Dieu ! pourvu que les autres n'arrivent pas !

Scène 8

LES MÊMES, DE CHENNEVIETTE

DE CHENNEVIETTE (2). – Tout est prêt là ! *(Apercevant Bois-d'Enghien.)* Ah ! Bois-d'Enghien !

BOIS-D'ENGHIEN (1). – Chenneviette !

DE CHENNEVIETTE. – Ah ! çà, comment ? Vous êtes ici, vous ?

BOIS-D'ENGHIEN, *essayant de se donner l'air dégagé.* – Mon Dieu, oui ! Mon Dieu, oui !

LUCETTE (3). – Et tu ne sais pas où je l'ai trouvé ? Dans l'armoire !

DE CHENNEVIETTE. – Comment, dans l'armoire ?

BOIS-D'ENGHIEN, *se tordant, mais sans conviction.* – Oui, oui, hein ! c'est drôle ?

DE CHENNEVIETTE, *à part.* – Ah ! çà, il est fou !

MARCELINE, *qui, pendant ce qui précède, est allée accrocher les effets de théâtre dans l'armoire, emportant le carton.* – J'emporte ça par là.

LUCETTE. – Bon ! bon !

15 MARCELINE, *maugréant*[1], *en sortant de gauche*. – Par la porte de la femme de chambre !

Elle sort.

LUCETTE, *à Bois-d'Enghien*. – Mais, au fait, tu connais donc les Duverger, toi ?

20 BOIS-D'ENGHIEN, *avec aplomb*. – Oui, oui… oh ! depuis longtemps ! J'ai vu la mère toute petite !

TOUS. – Hein ?

BOIS-D'ENGHIEN, *se reprenant*. – Euh !… La mère m'a vu tout petit, alors…

25 LUCETTE. – Ah ? c'est drôle…

BOIS-D'ENGHIEN, *se tordant en gagnant la gauche*. – Hein ! n'est-ce pas, c'est drôle, c'est très drôle…

LUCETTE, *le regardant avec étonnement, ainsi que Chenneviette*. – Mais qu'est-ce qu'il a donc à rire comme ça ?

30 BOIS-D'ENGHIEN, *redevenant subitement sérieux et bondissant (2), sur Lucette (3), pendant que Chenneviette descend au 1*. – Et maintenant, tu vas me faire le plaisir de ne pas chanter dans cette maison, hein ?

LUCETTE, *ahurie*. – Moi ?… Et pourquoi ça ?

35 BOIS-D'ENGHIEN. – Pourquoi ! elle demande pourquoi ?… Parce que… parce qu'il y a des courants d'air, là !…

LUCETTE. – Où ça ?

BOIS-D'ENGHIEN, *ne sachant plus ce qu'il dit*. – Partout !… au-dessus de l'estrade !

40 LUCETTE. – Au-dessus de l'estrade !… il y a des c… *(Brusquement.)* Je vais en parler à la baronne !

Elle remonte.

---

1. *Maugréant* : avec mauvaise humeur.

BOIS-D'ENGHIEN, *la rattrapant de sa main droite et la faisant redescendre au 2.* – C'est ça, ça fera des cancans[1] ; elle saura que c'est moi qui t'en ai parlé...

LUCETTE. – Mais non, mais non ! je ne prononcerai pas ton nom !... *(On aperçoit la baronne dans le second salon.)* Voici la baronne, je vais en avoir le cœur net.

BOIS-D'ENGHIEN, *se précipitant à droite, à part.* – Ma belle-mère ! Je file !

LUCETTE. – Eh bien ! où vas-tu ?

BOIS-D'ENGHIEN, *dans l'embrasure de la porte.* – Tu ne m'as pas vu ! Tu ne m'as pas vu !

Il disparaît.

LUCETTE. – Est-il drôle !

DE CHENNEVIETTE, *qui a assisté à cette scène, avec un profond ahurissement. (À part).* – C'est égal, je serais curieux de connaître le fin mot de tout ça !

Scène 9

DE CHENNEVIETTE, LUCETTE, LA BARONNE

LA BARONNE. – Où peut être passé mon gendre ?

LUCETTE (3). – Ah ! Madame, je ne suis pas fâchée de vous voir. *(La baronne descend ainsi que Lucette.)* Il paraît qu'il y a des courants d'air dans votre salon ?

LA BARONNE, *avec un soubresaut.* – Dans mon salon !

---

1. *Cancans* : bavardages calomnieux, ragots.

LUCETTE, *polie, mais sur un ton qui n'admet pas de réplique.* – Oui, madame ! on me l'a dit… et je vous avouerai que je ne peux pas chanter avec un vent coulis[1] sur les épaules.

LA BARONNE, *dans tous ses états, ne sachant qui prendre à témoin, tantôt à Lucette, tantôt à Chenneviette.* – Mais, madame, je ne sais pas ce que vous voulez dire !… un vent coulis dans mon salon !… mais c'est insensé… Voyons, monsieur… ? oh ! dans mon salon ! Madame ! un vent coulis !… mais venez voir par vous-même si vous trouvez le moindre courant d'air !

LUCETTE. – Eh bien ! c'est ça ! parfaitement ! allons voir ! Parce que vous comprenez, moi, chanter dans ces conditions-là…

LA BARONNE. – Mais venez, mais je vous en prie ! *(En s'en allant.)* Dans mon salon, un vent coulis !… Non ! non !…

Ces dernières phrases sont dites en s'en allant, les deux femmes parlant ensemble.

Scène 10

DE CHENNEVIETTE, BOIS-D'ENGHIEN, *puis* VIVIANE, *puis* LUCETTE, *et* LA BARONNE

DE CHENNEVIETTE, *gagnant la droite.* – Oh ! la, la, la, la ! parbleu, il n'y en a pas de courant d'air ! il n'y en a pas !

BOIS-D'ENGHIEN, *comme un boulet, surgissant par la porte de gauche et tout essoufflé.* – Ouf ! vous êtes seul ?

DE CHENNEVIETTE (2). – Allons, bon ! vous arrivez par là, vous !

---

1. Vent coulis : air qui se glisse par les ouvertures. Ironie de Feydeau au regard de l'attitude de Bois-d'Enghien.

BOIS-D'ENGHIEN. – Oui, parce que j'étais parti par là. *(Il indique la porte de droite.)* Et alors j'ai fait…

> *Il indique d'un geste qu'il a fait le tour par en haut et qu'il est redescendu par la gauche.*

DE CHENNEVIETTE. – Eh bien ! qu'est-ce qu'il y a ? Qu'est-ce qui se passe ?

BOIS-D'ENGHIEN. – Ce qu'il y a ? Il y a que j'ai une maison de cinq étages suspendue sur ma tête ! que Lucette est ici, et que c'est mon contrat de mariage qu'on va signer tout à l'heure.

DE CHENNEVIETTE, *bondissant*. – Non ?

BOIS-D'ENGHIEN, *accablé*. – Si !

DE CHENNEVIETTE, *se frappant la cuisse*. – Nom d'un pétard !

> *Par ce mouvement il se trouve tourner à demi le dos à Bois-d'Enghien, et regarder l'avant-scène droite.*

BOIS-D'ENGHIEN. – Oh ! oui, nom d'un pétard ! *(Faisant pivoter Chenneviette sur lui-même en le poussant sur l'épaule droite et en le tirant sur l'épaule gauche de façon à lui faire faire un tour complet.)* Et c'est ce pétard qu'il faut absolument que vous m'évitiez en trouvant le moyen d'emmener Lucette, de gré ou de force.

DE CHENNEVIETTE. – Mais comment ! comment ?…

BOIS-D'ENGHIEN. – Ah ! je ne sais pas ; mais il faut !

DE CHENNEVIETTE, *se tournant comme précédemment*. – Je vais essayer…

BOIS-D'ENGHIEN, *le faisant pivoter comme précédemment*. – Où est-elle en ce moment ? Où est-elle ?

DE CHENNEVIETTE, *furieux de se voir bousculé de la sorte et se dégageant*. – Avec la baronne, dans le salon, en train de s'expliquer sur votre vent coulis.

> *Il remonte.*

BOIS-D'ENGHIEN. – Ah ! mon Dieu ! ça va éclater alors, c'est évident.

> *Voix dans la coulisse.*

DE CHENNEVIETTE, *vivement à Bois-d'Enghien.* – Attention ! les voilà qui reviennent !

BOIS-D'ENGHIEN. – Oh !

> *Il se précipite à droite pour s'esquiver, et va donner dans Viviane qui entre de droite.*

VIVIANE ET BOIS-D'ENGHIEN, *ensemble.* – Oh !

> *Ils se frottent l'un et l'autre l'épaule cognée. Dans leur élan, Viviane a été portée au 2 et Bois-d'Enghien au 3.*

BOIS-D'ENGHIEN, *à part.* – Fichtre !… *(Haut, en affectant de rire.)* Ah ! ah ! tiens ! c'est vous ?

VIVIANE. – Eh bien ! où étiez-vous ? Voilà une demi-heure que je vous cherche !

BOIS-D'ENGHIEN. – Mais moi aussi ! moi aussi… *(Voulant l'entraîner.)* Eh bien ! cherchons ensemble, cherchons ensemble !

VIVIANE, *le retenant.* – Cherchons quoi ? Puisque nous nous sommes trouvés.

BOIS-D'ENGHIEN. – C'est juste ! *(À part.)* Je ne sais plus ce que je dis !

VIVIANE, *à part.* – Mais est-il bête !

DE CHENNEVIETTE, *qui est redescendu à l'extrême gauche.* – Il bafouille le pauvre garçon ! il bafouille !

> *On entend la voix de la baronne.*

DE CHENNEVIETTE ET BOIS-D'ENGHIEN. – Elles !

> *Bois-d'Enghien essaye de gagner la porte de droite à pas de loup pour s'esquiver sans être aperçu.*

LA BARONNE (3), *au fond.* – Vous voyez, mademoiselle, que j'avais raison !

LUCETTE (2). – Mais en effet !

LA BARONNE, *au moment où Bois-d'Enghien va disparaître.* – Ah ! Bois-d'Enghien ! Enfin, vous voilà !

BOIS-D'ENGHIEN, *pivotant sur ses talons et avec aplomb.* – Mais… je venais.

LA BARONNE, *à Lucette, pour lui présenter Bois-d'Enghien.* – Mademoiselle…

BOIS-D'ENGHIEN, *à part.* – Oh ! la, la ! Oh ! la, la !

LA BARONNE, *à Lucette qui d'ailleurs fait signe de la tête qu'elle connaît.* – Voulez-vous me permettre de vous présenter…

DE CHENNEVIETTE, *se précipitant entre Lucette et la baronne et saisissant Lucette par la main, l'entraîne au fond, non sans bousculer la baronne.* – Non, non ! c'est pas la peine !… Elle connaît, elle connaît !…

TOUS. – Hein !

Tumulte général.

DE CHENNEVIETTE, *l'entraînant.* – Viens ! viens ! avec moi.

LUCETTE, *se débattant.* – Mais où ! Mais où ?

DE CHENNEVIETTE, *même jeu.* – Chercher le vent coulis ! je sais où il est, je sais où il est !

LUCETTE, *disparaissant, entraînée de force par Chenneviette.* – Mais non, mais non ! Oh ! mais, voyons !

BOIS-D'ENGHIEN, *qui, seul, n'est pas remonté, à part avec joie.* – Oh ! mon terre-neuve[1]… je l'embrasserais ! je l'embrasserais !

Scène 11

LES MÊMES, *moins* LUCETTE ET DE CHENNEVIETTE

LA BARONNE, *au fond avec Viviane.* – Mais qu'est-ce qu'il y a ? Pourquoi l'entraîne-t-il comme ça ?

---

1. Terre neuve : chien réputé pour son aptitude à secourir les personnes en difficulté.

BOIS-D'ENGHIEN. – Pourquoi ? *(Il gagne le fond à pas de géant, se place entre elles deux, les prend chacune par une main et les fait redescendre également à grandes enjambées qu'elles suivent comme elles peuvent.)* Parce que… parce que vous alliez faire un impair énorme !…

LA BARONNE. – Un impair, moi !

VIVIANE (3). – Et comment ça !

BOIS-D'ENGHIEN (2). – Vous alliez me présenter : « Monsieur de Bois-d'Enghien, mon gendre, ou le futur, le fiancé… » quelque chose comme ça ?

LA BARONNE. – Mais naturellement !

BOIS-D'ENGHIEN, *sur un ton de profond mystère.* – Eh bien ! voilà justement ce qu'il ne faut pas !… C'est ce monsieur-là qui m'a prévenu… C'est pour ça qu'il l'a entraînée… Il ne faut jamais prononcer le mot de futur, de gendre ou de fiancé devant Lucette Gautier !

LA BARONNE. – Parce que ?

BOIS-D'ENGHIEN. – Ah bien ! voilà… parce qu'il paraît… C'est ce monsieur-là qui m'a prévenu… Il paraît qu'elle a eu autrefois un amour malheureux !

VIVIANE, *avec intérêt.* – Vraiment ?

BOIS-D'ENGHIEN, *sur un ton lamentable.* – Un beau jeune homme qu'elle adorait et qu'elle devait épouser ! Malheureusement il était d'une nature faible. *(Avec un soupir.)* Un beau jour… il a succombé…

LA BARONNE. – Ah ! mon Dieu ! à quoi ?

BOIS-D'ENGHIEN, *changeant de ton.* – À une vieille dame très riche qui l'a emmené en Amérique…

LA BARONNE ET VIVIANE. – Oh !

BOIS-D'ENGHIEN, *sur un ton dramatique.* – Alors, flambé[1], le mariage ! Lucette Gautier ne s'en est jamais remise… Aussi, il suffit de prononcer devant elle les mots : gendre, futur ou

---

1. *Flambé* : terminé.

fiancé, – c'est ce monsieur-là qui m'a prévenu, – aussitôt, crises de nerfs, pâmoisons[1], évanouissements !

LA BARONNE. – Oh ! mais c'est affreux ! vous avez bien fait de m'avertir !

VIVIANE. – Un roman d'amour, c'est gentil !

BOIS-D'ENGHIEN. – Eh bien ! voilà, sans moi, hein ? et le monsieur qui m'a prévenu…

LA BARONNE, *pendant que Bois-d'Enghien remonte pour faire le guet.* – Ah ! je suis bien contente de savoir ça !

VIVIANE. – Oh ! oui !…

Lucette paraît au fond, discutant avec Fontanet et Chenneviette.

BOIS-D'ENGHIEN, *à part.* – Eux ! *(Il redescend comme une bombe, saisit Viviane et la baronne chacune par une main et les entraînant à droite.)* Venez, venez avec moi !

LA BARONNE ET VIVIANE, *ahuries.* – Hein ! Comment ? Pourquoi ?

BOIS-D'ENGHIEN, *les poussant par la porte de droite, Viviane d'abord, la baronne ensuite.* – J'ai encore quelque chose à vous dire, à vous montrer ! C'est là-haut. C'est là-haut. Venez…

Il les pousse malgré leurs récriminations et disparaît avec elles, à droite.

Scène 12

LUCETTE, DE CHENNEVIETTE, DE FONTANET, *puis* ÉMILE, LE GÉNÉRAL

LUCETTE, *à Chenneviette qui la précède.* – Tiens, tu es stupide !

---

1. *Pâmoisons* : défaillances.

DE CHENNEVIETTE, *à part, descendant (1) à gauche de la chaise longue.*
– Il est embêtant, Bois-d'Enghien, il me fait jouer les rôles de crétin !

DE FONTANET. – Dites donc ! je ne vous gêne pas ici ?

LUCETTE, *qui s'est assise (2) sur la chaise longue et se met un peu de poudre en se regardant dans une glace à main.* – Mais non, mais non !

DE FONTANET, *descendant à droite.* – Parce que je me rase[1] par là ! C'est vrai, tout le monde a filé, et on me laisse là, tout seul, comme un pauvre pestiféré[2] !

LUCETTE. – Ce pauvre Fontanet !

DE FONTANET. – C'est vrai, je suis à plaindre !

ÉMILE, *annonçant.* – Le général Irrigua !

DE FONTANET. – Qué qu'c'est qu'ça ?

LUCETTE. – Lui ! Ah !

DE CHENNEVIETTE. – Comment ! on a invité le rastaquouère ?

LUCETTE, *sans se lever.* – Oui, c'est moi. *(Au général qui paraît au fond.)* Eh ! arrivez donc, général !

LE GÉNÉRAL, *un bouquet à la main, arrivant empressé et allant à Lucette.* – Oh ! qué yo lo suis en retard ! Qué yo lo suis ounpardonnable, porqué yo l'ai perdou oun temps qué yo l'aurais pou passer près de vouss !

LUCETTE. – Mais non, mais non ! vous n'êtes pas en retard !

DE CHENNEVIETTE. – Bonjour, général !

LE GÉNÉRAL, *le saluant d'un petit coup de tête amical.* – Buenos dias. *(Il salue également Fontanet qui s'incline. À Lucette, lui présentant le bouquet qui est composé de fleurs des champs.)* Permettez qué yo vous offre…

LUCETTE, *sans le prendre.* – Oh ! des fleurs des champs ! Quelle idée originale !

LE GÉNÉRAL, *galant.* – Bueno ! Qué yo l'ai pensé, des fleurs des champs… à l'étoile… des chants !

---

1. *Je me rase* : je m'ennuie.
2. *Pestiféré* : malade de la peste ; ici, qu'on évite à tout prix.

Tous, *avec une admiration railleuse.* – Ah ! charmant !

Le Général, *sur un ton dégagé et satisfait.* – C'est oun mott !

De Fontanet, *flatteur.* – Ah ! très parisien ! *(Le général s'incline – au public en riant.)* C'est vrai, pour un peau-rouge !

Le Général, *remettant à Lucette le bouquet qui est attaché par un rang de perles.* – Mais si la bouquette il est môdique, la ficelle il est bienn !

Lucette, *se levant et prenant le bouquet auquel elle enlève le collier qui le lie.* – Un collier de perles !… Ah ! vraiment, général !

Le Général, *grand seigneur.* – Rienn du toute ! C'est oun bâcatil !

De Fontanet, *au général.* – Vous permettez… *(Il passe devant le général et va admirer le collier avec les autres.)*

Tous. – Ah ! que c'est beau !

De Chenneviette (1). – Mâtin !

Lucette (2), *se faisant attacher le collier autour du cou par Chenneviette.* – Oh ! je suis contente ! Vous n'avez pas idée comme je suis contente !

De Fontanet (3). – Ah ! c'est d'un goût ! Je trouve ça d'un goût ! *(Le général s'incline modestement.)* Parole, c'est encore mieux que le mot, vous savez !

Lucette, *présentant Fontanet sans quitter Chenneviette qui lui attache son collier.* – Général, monsieur Ignace de Fontanet.

Le Général (4), *tendant la main.* – Yo vous prie.

De Fontanet. – Enchanté, général ! Et tous mes compliments ! Cette façon tout à fait grand seigneur de faire les choses…

Le Général, *qui hume l'air sans se rendre compte de l'odeur qu'il respire.* – Oh ! yo vous prie !

De Fontanet, *lui parlant dans le nez avec force[1] courbettes. À mesure que le général, enfin renseigné, se recule, Fontanet, toujours gracieux, marche sur lui. Le général, à la fin, se trouve ainsi acculé[2] à l'extrême droite.* – C'est beau d'être à la fois millionnaire et galant,

---

1. *Force* : beaucoup de.
2. *Acculé* : poussé dans un endroit où tout recul est impossible.

quand il y a tant de millionnaires qui ne sont pas galants et
de galants qui ne sont pas millionnaires !

Le Général, *prenant le 3, toujours suivi par Fontanet (4).* – Si ! Si ! *(Tirant une petite boîte de son gilet et la tendant à Fontanet.)* Prenez donc oun pastille.

De Fontanet. – Hein ? Qu'est-ce que c'est que ça ?

Le Général. – Des pastilles qué yo les prends quand yo l'ai foumé oun cigare.

De Fontanet, *s'inclinant, et bien dans le nez du général.* – Alors, inutile, général, je ne fume pas !

Le Général, *vivement, élevant son chapeau claque de la main gauche d'un geste qui peut être pris pour un geste de regret, mais qui en réalité n'a d'autre but que d'élever un rempart qui mette son odorat à l'abri.* – Yo le regrette ! *(Tendant la boîte de la main droite.)* Prenez tout de même !

De Fontanet. – Pour vous être agréable.

Le Général. – Yo vous rends grâce ! *(Le général regagne la gauche, suivi et obsédé par Fontanet qui continue de lui parler ; il se défend comme il peut contre lui, grâce à son claque qu'il tient comme une barrière entre eux et avec lequel il fait, ainsi que de la tête, des gestes d'acquiescement comme on fait avec une personne avec qui on ne tient pas à prolonger une discussion. Apercevant la baronne qui arrive de droite. À Fontanet.)* Pardon ! *(Il descend un peu au 4. Fontanet remonte au 3.)*

Scène 13

Les mêmes, la Baronne, *puis* Bois-d'Enghien, Viviane

La Baronne, *entrant de droite.* – Non ! on n'a pas idée de ce garçon, qui nous fait monter trois étages pour nous dire dans le grenier : « Vous n'avez pas remarqué que vous n'avez pas de paratonnerre sur la maison !... »

LE GÉNÉRAL, *saluant.* – Madame !

LUCETTE. – Ah ! Madame, permettez-moi de vous présenter un de mes bons amis, le général Irrigua...

LE GÉNÉRAL, *s'inclinant.* – Soi-même.

LUCETTE. – Qui a été heureux de profiter d'une de vos cartes d'invitation.

LE GÉNÉRAL, *montrant par acquit de conscience sa carte d'invitation.* – Yo l'ai la contremarque[1] !

LA BARONNE, *souriant.* – Oh ! c'est inutile... *(Minaudant.)* Vous savez, général, c'est une soirée toute de famille.

LE GÉNÉRAL, *très gracieux, comme s'il disait la chose la plus polie du monde.* – Il m'est écal, yo vienne pour mamoissselle Gautier.

LA BARONNE, *interloquée.* – Ah ? alors !... *(À part, pendant que le général va parler à Lucette.)* Eh bien ! au moins, il ne me l'envoie pas dire !

VIVIANE, *arrivant de droite, traînant Bois-d'Enghien.* – Eh bien ! venez donc ! Qu'est-ce que vous avez ce soir ?

BOIS-D'ENGHIEN. – Hein ! Mais rien !... *(À part.)* Allons, bon ! le général ici !

LE GÉNÉRAL, *qui s'est retourné, reconnaissant Bois-d'Enghien.* – Tienne ! Bodégué ! Qué vous allez nous chanter quéqué chose !

TOUS. – Comment, chanter quelque chose ?

LE GÉNÉRAL. – Bueno ! Pouisqu'elle est oun ténor !

TOUS. – Non ?

VIVIANE. – Comment ! Vous chantez, vous ?

BOIS-D'ENGHIEN. – Heu ! Oh ! vous savez !... Mais peu !... très peu !

---

1. Contremarque : ticket délivré à ceux qui s'absentent momentanément pendant une représentation, afin qu'ils aient le droit de regagner leur place.

VIVIANE. – Oh ! je ne savais pas. Tiens, nous ferons de la musique !

BOIS-D'ENGHIEN, *au public*. – Ah ! ça va bien ! ça va très bien !

Scène 14

LES MÊMES, ÉMILE, LE NOTAIRE, *puis* BOUZIN *dans le fond*

ÉMILE. – Maître Lantery !

LA BARONNE, *allant à la rencontre du notaire*. – Ah ! le notaire ! Bonjour, maître Lantery.

MAÎTRE LANTERY, *descendant un peu et à droite (5) avec la baronne (4)*. – Bonjour, madame la baronne !... Messieurs, mesdames !

Le général, après être remonté, redescend (2) causer avec Chenneviette (1), à gauche de la chaise longue.

LA BARONNE. – Puisque vous voilà, nous allons pouvoir commencer de suite ! Vous avez le contrat ?

MAÎTRE LANTERY. – Non, mais un de mes clercs l'apporte ! Ah ! justement le voici !

Bouzin paraît au fond, parlant à Émile.

LA BARONNE. – Parfait !

BOIS-D'ENGHIEN, *à part, traversant la scène, allant à Lucette*. – Sapristi ! Bouzin ici ! *(À Lucette.)* Dis donc, Bouzin, là !

LUCETTE. – Bouzin ? Ah ! bien, si le général le voit !

Elle occupe le général, en tournant le dos au public, de façon à empêcher le général de se retourner.

LA BARONNE, *qui est remontée à la suite du notaire, qui lui-même est allé retrouver Bouzin dans le second plan*. – Mes amis, si vous voulez venir par là, pour la lecture du contrat.

De Fontanet, Viviane, Bois-d'Enghien. – Mais parfaitement.

Ils sortent, sauf Bois-d'Enghien qui gagne la droite.

La Baronne, *du fond.* – Monsieur de Chenneviette ?

De Chenneviette, *qui cause avec le général, à la baronne.* – Mais, très honoré, madame ! *(Au général.)* Vous permettez, général ?

Le Général. – Yo vous prie, Cheviotte ! *(Il continue de causer avec Lucette.)*

La Baronne, *à Bouzin, dans le second salon.* – Eh ! mais, c'est monsieur que j'ai vu ce matin !

Bouzin, *la reconnaissant.* – Ah ! Madame la baronne !… Ah ! bien, si je m'attendais !… On est en pays de connaissance, alors !…

La Baronne. – Mon Dieu, oui ! *(Bouzin, le notaire, Viviane, Fontanet et Chenneviette disparaissent dans la coulisse ; du fond, à Lucette.)* Vous ne voulez pas assister, madame ?…

Bois-d'Enghien, *sursautant.* – Hein !

Lucette. – Mon Dieu, madame, je vais achever mes petits préparatifs ici !

Elle va à l'armoire chercher un corsage que Marceline y a précédemment accroché.

La Baronne. – Comme vous voudrez, madame !…

Bois-d'Enghien, *poussant un soupir de soulagement.* – Ouf !

La Baronne, *au général.* – Et vous, général ?

Le Général, *s'inclinant.* – Yo vous rends grâce ! yo reste avec mamoisselle Gautier !

Il descend à l'extrême gauche.

La Baronne, *à part.* – Naturellement. *(Haut.)* Venez Bois-d'Enghien !… *(Elle sort.)*

Bois-d'Enghien, *empressé.* – Voilà, voilà !

Lucette, *redescendant presque à la chaise longue, avec son corsage dont elle défait les lacets.* – Ah ! tu ne vas pas y aller, toi ?

Bois-d'Enghien, *subitement cloué au sol.* – Ah ! tu crois que… ?
Lucette. – Mais non ! qu'est-ce que ça te fait, leur contrat ?
Bois-d'Enghien, *prenant l'air indifférent.* – Oh !
Lucette. – Est-ce que ça t'intéresse ?
Bois-d'Enghien, *même jeu.* – Moi ! Oh ! la, la, la, la !
Le Général, *comme un argument sans réplique.* – Est-ce qué yo l'y vais, moi ?… Bueno ?…
Bois-d'Enghien. – Oh ! vous, parbleu, tiens !… *(À part, au public.)* Il me paraît bien difficile, cependant, de ne pas assister à mon contrat !
Lucette, *remontant vers l'armoire.* – Si tu y tiens absolument, tu iras un peu à la fin…
Bois-d'Enghien, *saisissant la balle au bond*[1]. – Ah ! oui !
Lucette, *s'arrêtant en route.* – … avec moi !

Elle achève d'aller à l'armoire et raccroche son corsage.

Bois-d'Enghien, *à part.* – Ah ! bien, ça serait le bouquet !
Tous, *dans la coulisse.* – Bois-d'Enghien ! Bois-d'Enghien !
Bois-d'Enghien, *à part.* – Allons, bon ! les autres maintenant !… *(Haut et agacé.)* Voilà ! voilà !
Lucette, *redescendant à la chaise longue.* – Mais qu'est-ce qu'ils ont après toi ?
Bois-d'Enghien, *affectant de rire.* – Je ne sais pas ! je me le demande !

Tout le monde paraît au fond, à l'exception du notaire.

La Baronne[2]. – Eh bien ! venez donc Bois-d'Enghien ! Qu'est-ce que vous faites ? *(Montrant Bouzin qui est allé se placer par habitude de bureaucrate derrière la table de droite.)* Monsieur vous attend pour lire le contrat !
Le Général, *apercevant Bouzin et bondissant.* – Boussin !

---

1. *Saisissant la balle au bond* : profitant de l'occasion.
2. Ch. – Le G. – M. – L. – B. d'E. – La B. – V. – F. – B. *(Note de l'Auteur.)*

BOUZIN. – Le général ici ! sauvons-nous !

Poursuite autour de la table en va-et-vient, en sens contraire de la part du général et de Bouzin, puis en faisant le tour complet de la table au milieu du tumulte général.

LE GÉNÉRAL, *faisant la chasse à Bouzin.* – Boussin ici ! Encore Boussin ! Attends, Boussin ! C'est oun homme morte, Boussin !

Bouzin s'est sauvé par la droite, en faisant tomber au passage la chaise, qui est près de la porte, dans les jambes du général. Le général l'enjambe.

LA BARONNE, *dans le tumulte général.* – Eh bien ! qu'est-ce qu'il y a ? Où vont-ils ?

LUCETTE. – Ne craignez rien, madame ! Courez, de Chenneviette... séparez-les.

DE CHENNEVIETTE. – J'y vole !

Pendant ce dialogue très rapide au milieu du brouhaha[1] général, ce qui en fait presque une pantomime[2], Bouzin s'est sauvé par la droite en faisant tomber au passage la chaise qui est à droite de la porte, dans les jambes du général. Le général enjambe la chaise, Bois-d'Enghien, qui s'est précipité, tient le général par une basque[3] de son habit. Chenneviette, qui s'est lancé à son tour, enlève à bras-le-corps Bois-d'Enghien qui lui obstrue le passage, le rejette derrière lui et se précipite à la poursuite. – Affolement des personnages qui restent. Un instant après, on aperçoit dans le second salon la poursuite qui continue. Bouzin traverse le premier le fond en courant, puis, successivement, le général et Chenneviette.

---

1. *Brouhaha* : bruit confus.
2. *Pantomime* : pièce mimée.
3. *Basque* : partie de la veste commençant à la taille et descendant sur les hanches.

LA BARONNE. – Mais en voilà une affaire ! Qu'est-ce que c'est que cet homme-là ! Qu'est-ce qu'il a après ce garçon ?

LUCETTE. – Excusez-le, madame, je vous en prie !

LA BARONNE. – Enfin, c'est très désagréable ces histoires chez moi. *(Les deux femmes continuent de parler à la fois : Lucette pour excuser le général, la baronne pour manifester son mécontentement. Enfin d'une voix impérative.)* Voyons ! finissons-en ! Nous avons un contrat à lire... Bois-d'Enghien ! donnez le bras à ma fille et venez.

Elle remonte.

LUCETTE[1], *prise de soupçon.* – Mais... pourquoi monsieur Bois-d'Enghien ?

LA BARONNE, *sous le coup de l'émotion et sans réfléchir.* – Comment, pourquoi ?... Parce que c'est son fiancé !

LUCETTE. – Son fiancé, lui... *(Poussant un cri strident.)* Ah !

Elle s'évanouit.

TOUS. – Qu'est-ce qu'il y a ?

MARCELINE, *qui a reçu Lucette dans ses bras.* – Ah ! mon Dieu, ma sœur ! du secours ! elle se trouve mal !...

Tout le monde – à l'exception de la baronne et de Viviane qui, redescendues, restent pétrifiées sur place – entoure Lucette qu'on étend sans connaissance sur la chaise longue.

BOIS-D'ENGHIEN (5), *revenant à la baronne, lui faisant carrément une scène.* – Là ! voilà ! ça y est ! Vous avez prononcé le mot de fiancé, voilà !

LA BARONNE (6). – Moi !

VIVIANE (7), *faisant aussi une scène à sa mère.* – Mais oui, toi !

---

1. M. à gauche du canapé. – F. au-dessus. – L. à droite. – La B. – V. – B. d'E. (*Note de l'Auteur.*)

Bois-d'Enghien. – Et on vous prévient !

Il retourne à Lucette.

Viviane. – Puisqu'on t'avait dit de ne pas parler de fiancé !

La baronne, énervée, hausse les épaules.

Le Général, *entrant vivement par le fond gauche, emboîté par Chenneviette.* – Voilà ! yo viens de le flanquer par la porte, Boussin !

De Chenneviette, *à part, s'épongeant le front.* – Oh ! quelle soirée, mon Dieu !

Le Général, *apercevant Lucette évanouie.* – Dios ! quel il a Loucette ! il est malade ! *(Allant à elle.)* Loucette !

Bois-d'Enghien[1], *quittant Lucette et frappant dans ses mains pour presser les gens.* – Vite, du vinaigre, des sels[2] !

Marceline. – J'y cours !

Elle sort par la gauche pendant que Bois-d'Enghien, la baronne et Viviane, comme des gens qui ne savent où donner de la tête, vont chercher des sels sur la toilette du fond.

Le Général, *tapant dans les mains de Lucette pendant que Chenneviette en fait autant de l'autre côté.* – Mamoisselle Gautier ! révénez à moi… révénez à moi !

De Fontanet, *qui est derrière la chaise longue, naïvement en se penchant sur la figure de Lucette.* – Il faudrait lui faire respirer de l'air pur…

Bois-d'Enghien, *revenant avec un flacon de sels.* – Oui, eh bien ! alors retirez-vous de là !

---

1. M. à gauche de la chaise longue. – Ch. au-dessus à gauche. – F. au-dessus au centre. – Le général à droite. – Tous quatre entourant Lucette évanouie et étendue. – B. d'E. (6) un peu au-dessous du G. – La B. – V. (*Note de l'Auteur.*)
2. Il était alors courant de faire respirer l'odeur assez forte du carbonate d'amonium pour réveiller des personnes inconscientes.

DE CHENNEVIETTE ET LE GÉNÉRAL. – Oui, allez-vous-en ! allez-vous-en !

BOIS-D'ENGHIEN, *vivement, repassant au milieu de la scène.* – C'est ça, allons-nous-en tous ! *(À la baronne et à Viviane qui sont un peu remontées.)* Laissons ces messieurs avec elle, nous finirons de signer par là, nous !...

TOUS. – Oui, oui, c'est ça !

LE GÉNÉRAL, *d'une voix forte, au moment où Bois-d'Enghien va partir avec les deux femmes.* – Oun clé ! qu'il il a oun clé ?

BOIS-D'ENGHIEN, *très affairé, tirant une clé de sa poche, la donne au général et remontant tout en parlant.* – Une clé, voilà. Pourquoi ?

LE GÉNÉRAL. – Gracias !

Il la met dans le dos de Lucette.

BOIS-D'ENGHIEN, *redescendant pour prendre sa clé.* – Mais vous êtes fou ! c'est la clé de mon appartement ! elle ne saigne pas du nez[1] !

LE GÉNÉRAL, *qui a mis la clé dans le dos.* – Yo veux voir si ça fait le même !

LA BARONNE, *s'impatientant, à Bois-d'Enghien.* – Eh bien ! voyons ! allons par là, nous !

BOIS-D'ENGHIEN, *cavalcadant[2] sur place comme un homme attiré de deux côtés.* – Voilà, voilà ! *(À part.)* Je signe et je reviens.

Tout le monde sort, à l'exception de Fontanet, du général, de Chenneviette et de Lucette évanouie. Les portes du fond se referment. Elles ne s'ouvrent plus, jusqu'à la fin de l'acte, qu'à deux vantaux.

---

1. À l'époque, un remède naturel contre les saignements de nez prescrivait de mettre une clé en contact avec la peau du dos.
2. *Cavalcadant* : sautillant.

Scène 15

LUCETTE, DE FONTANET, LE GÉNÉRAL, DE CHENNEVIETTE

LE GÉNÉRAL. – Vite ! dé l'eau, dou vinaigre ! quéqué chose ! oun liquide !

DE FONTANET, *remontant chercher de l'eau à la toilette du fond.* – Attendez ! Attendez !

5 DE CHENNEVIETTE. – Quelle aventure, mon Dieu !

LE GÉNÉRAL. – Ah ! Dios mio[1] ! Mamoisselle Gautier ! Révénez à moi !... Révénez à moi, mamoisselle Gautier !

DE FONTANET, *revenant avec une serviette imbibée d'eau.* – Voilà de l'eau !

10 LE GÉNÉRAL. – Gracias ! *(Lui tamponnant le front et suppliant.)* Réviens à moi, Gautier !... Gautier, réviens à moi !...

DE FONTANET, *qui est remonté à sa place première, derrière la chaise longue.* – Vous ne croyez pas que si je lui soufflais sur le front...

DE CHENNEVIETTE ET LE GÉNÉRAL, *le repoussant d'un bras et vive-*
15 *ment, avec un ensemble touchant.* – Non !

DE FONTANET, *redescendant au 3 au milieu de la scène.* – La pauvre femme ! ce qui l'a mise dans cet état, c'est le mariage de Bois-d'Enghien...

DE CHENNEVIETTE, *sursautant et à part.* – Allons, bon !

20 LE GÉNÉRAL, *sans cesser de tamponner Lucette, regardant Fontanet.* – Dou tenor ! qu'il loui fait soun mariache ?

DE FONTANET. – Tiens, vous êtes bon, c'est son amant !

LE GÉNÉRAL, *bondissant et rejetant sa serviette sans s'apercevoir que c'est sur la figure de Lucette.* – Hein !

25 DE CHENNEVIETTE, *à part, indiquant Fontanet.* – Là ! l'autre crétin ! *(Apercevant la serviette sur la figure de Lucette.)* Oh ! *(Il la retire et la tamponne à la place du général.)*

---

1. *Dios mio* : Mon Dieu !

Le Général, *sautant à la gorge de Fontanet et le secouant comme un prunier.* – Qu'ousqué tou dis ? Bodégué… il est soun amant ?
De Fontanet, *dans la figure du général.* – Mais oui, qu'est-ce que vous avez ?
Le Général, *qui a reçu l'haleine de Fontanet dans le nez, a un soubresaut, fait pfff… pour chasser l'odeur ; puis continuant à le secouer mais en ayant soin de tourner la tête au-dessus de son épaule droite.* – Il est soun amant, Bodégué ?
De Fontanet, *à moitié étranglé.* – Mais lâchez-moi ! voyons ! qu'est-ce qui vous prend ?

Scène 16

Les mêmes, Bois-d'Enghien

Bois-d'Enghien, *arrivant vivement du fond.* – Eh bien ! ça va-t-il mieux ?
Le Général, *repoussant Fontanet qui manque de tomber et sautant à la gorge de Bois-d'Enghien qu'il fait pirouetter de façon à le faire passer du 3 au 4.* – C'est vous qui l'est l'amant de mamoisselle Gautier ?
Bois-d'Enghien, *suffoqué.* – Quoi ! qu'est-ce qu'il y a ?
Le Général, *le secouant.* – C'est vous qui l'est l'amant ?
De Fontanet, *à part.* – Oh ! j'ai fait une gaffe !

Il s'esquive par le fond.

Bois-d'Enghien. – Vous n'avez pas fini ? Voulez-vous me lâcher !
De Chenneviette, *essayant de les calmer sans quitter Lucette.* – Voyons ! Voyons !
Le Général, *rejetant Bois-d'Enghien, et bien large.* – Bodégué ! vous l'est qu'oun rastaquouère !…

Bois-d'Enghien. – Moi !

Le Général. – Vouss ! et yo vous touerai.

Il retourne à Lucette, lui tape dans les mains.

Bois-d'Enghien, *furieux*. – Ah ! là ! me tuer ! Pourquoi
20   d'abord ? pourquoi ?

Le Général, *revenant à lui et d'une voix forte*. – Porqué yo l'aime et que yo soupporte pas il est oun baguette dans mes roues !

Bois-d'Enghien, *criant plus fort que lui*. – Eh ! bien ! vous voyez bien que je me marie !… Qu'est-ce que je demande ? C'est
25   que vous m'en débarrassiez, de votre Lucette !

Le Général, *subitement calmé*. – C'est vrai ? Alors, vous n'aimez plus Loucette ?

Bois-d'Enghien, *criant toujours et articulant chaque syllabe*. – Mais puisque je me marie, voyons !

30 Le Général. – Ah ! Bodégué ! vous êtes oun ami !

Il lui serre les mains.

De Chenneviette. – Elle rouvre les yeux !

Bois-d'Enghien. – Laissez-moi seul avec elle ! je vais tenter un dernier va-tout[1] !

35 Le Général, *sortant*. – Bueno, yo vous laisse ! *(À Lucette, en s'en allant.)* Réviens à lui… Gautier !… Gautier !… Réviens à lui !…

Ils sortent par le fond. Bois-d'Enghien referme la porte sur eux.

---

1. *Tenter un dernier va-tout* : jouer sa dernière carte, risquer le tout pour le tout.

Scène 17

Bois-d'Enghien, Lucette, *puis* la voix de la Baronne

Lucette, *revenant à elle.* – Qu'ai-je eu ? qu'ai-je eu ?
Bois-d'Enghien, *se précipitant à ses genoux.* – Lucette !
Lucette, *posant tendrement ses mains sur les épaules de Bois-d'Enghien, et d'une voix plaintive.* – Toi ! toi ! c'est toi… mon chéri ?
Bois-d'Enghien. – Lucette, pardonne-moi, je suis un grand coupable ! pardon !

> *À ces mots, l'expression de la figure de Lucette change, on sent que la mémoire lui revient peu à peu.*

Lucette, *brusquement, le repoussant, ce qui manque de le faire tomber en arrière.* – Ah ! ne me parle pas ! Tu me fais horreur !

> *Elle s'est levée et gagne la droite.*

Bois-d'Enghien, *allant à elle en marchant sur les genoux, suppliant.* – Lulu, ma Lulu !
Lucette, *la parole hachée par l'émotion.* – Ainsi, c'est vrai !… ce contrat qu'on signait tout à l'heure ?… c'était le tien !
Bois-d'Enghien, *se levant et comme un coupable qui avoue.* – Eh bien ! oui, là ! c'était le mien !
Lucette. – C'était le sien ! Il l'avoue !… *(Avec dégoût.)* Ah ! misérable !
Bois-d'Enghien, *suppliant.* – Lucette !
Lucette, *l'arrêtant d'un geste, avec un rictus amer.* – C'est bien ! je sais ce qu'il me reste à faire !

> *Elle a un grand geste de la main qui signifie : « Le sort en est jeté », et passe à gauche.*

BOIS-D'ENGHIEN, *inquiet.* – Quoi ?

LUCETTE, *ouvrant son sac dans lequel elle fouille.* – Tu sais ce que je t'ai promis ?

BOIS-D'ENGHIEN, *à part.* – Qu'est-ce qu'elle m'a donc promis ?

30 LUCETTE, *d'une voix étranglée.* – C'est toi qui l'auras voulu ! *(Tirant un revolver de son sac et sanglotant.)* Adieu et sois heureux !

BOIS-D'ENGHIEN, *se précipitant pour la désarmer, et lui paralysant les bras en la tenant à bras-le-corps.* – Lucette ! Voyons, tu es folle, au nom du ciel !

35 LUCETTE, *se débattant.* – Veux-tu me laisser… veux-tu me laisser !

BOIS-D'ENGHIEN, *tâchant de prendre l'arme, et cherchant en même temps tous les arguments pour la calmer.* – Lucette… je t'en supplie… grâce !… d'abord par convenance… ça ne se fait pas chez les autres.

40 LUCETTE, *avec un rire amer.* – Ah ! ah ! c'est ça qui m'est égal !…

BOIS-D'ENGHIEN, *affolé et la tenant toujours.* – Et puis, écoute-moi !… quand tu m'auras entendu, tu verras… tu te rendras compte !… tandis que, si tu te tues, je ne pourrai pas t'expliquer…

45 LUCETTE, *se dégageant.* – Eh bien ! quoi ? quoi ?

BOIS-D'ENGHIEN, *vivement.* – Donne-moi ce pistolet !

LUCETTE, *parant le mouvement de Bois-d'Enghien.* – Non, non ! Parle ! parle, d'abord !

BOIS-D'ENGHIEN, *avec désespoir.* – Oh ! mon Dieu !

50 VOIX DE LA BARONNE, *dans la coulisse.* – Bois-d'Enghien ! Bois-d'Enghien !

BOIS-D'ENGHIEN, *exaspéré.* – Voilà ! voilà ! *(Il remonte.)* Oh ! mon ! Dieu ! mon Dieu ! *(Haut, ouvrant la porte du fond et disparaissant à moitié.)* Voilà !

55 LUCETTE, *n'en pouvant plus.* – Oh ! j'ai chaud !…

> *Elle tire sur le guidon du revolver[1], ce qui fait sortir un éventail avec lequel elle s'évente nerveusement.*

---

1. Guidon du revolver : extrémité du canon du revolver.

BOIS-D'ENGHIEN, *à la cantonade, avec mauvaise humeur*. – Eh bien ! oui, tout de suite ! *(Fermant la porte du fond.)* Ce qu'ils sont embêtants !

LUCETTE, *à part*. – Ah ! il n'est pas encore fait, ton mariage, mon bonhomme !...

> *Elle referme l'éventail, remet le revolver dans le sac et remonte au-dessus du guéridon, à gauche de la chaise longue où elle s'agenouille.*

BOIS-D'ENGHIEN, *allant à elle et suppliant*. – Lucette, je t'en prie ! du courage ! au nom de notre amour même !

LUCETTE, *les bras en l'air, se laissant tomber tout de son long, à plat ventre, sur la chaise longue*. – Notre amour ! est-ce qu'il existe encore ?

> *Elle sanglote, la figure cachée dans ses bras, et ses bras croisés et appuyés sur le sommet du dossier de la chaise longue.*

BOIS-D'ENGHIEN, *s'accroupissant derrière la chaise longue, de façon à faire face à Lucette quand elle relèvera la tête*. – Comment, s'il existe !

LUCETTE, *relevant la tête avec des hoquets de douleur*. – Puisque tu te maries !

BOIS-D'ENGHIEN, *même jeu*. – Eh bien ! qu'est-ce que ça prouve ? Est-ce que la main droite n'est pas indépendante de la main gauche ?... Je me marie d'un côté et je t'aime de l'autre !

LUCETTE, *se redressant à moitié et les genoux sur la chaise longue, avec l'air d'abonder dans son sens*[1] ; *d'une petite voix flûtée*. – Oui ?

BOIS-D'ENGHIEN, *avec une conviction jouée*. – Parbleu !

> *Il va la rejoindre à droite de la chaise longue en longeant le meuble.*

---

1. Abonder dans son sens : être d'accord avec lui.

LUCETTE, *à part, au public.* – Oh ! comédien !

BOIS-D'ENGHIEN, *à part, tout en allant la rejoindre.* – Ce que je la lâche, une fois marié !… *(Haut, en s'asseyant sur la chaise longue, côté droit.)* Ma Lulu !…

LUCETTE, *à genoux, côté gauche de la chaise longue jouant son jeu pour lui donner le change.* – Mon nan-nan !… Tu m'aimes ?…

BOIS-D'ENGHIEN. – Je t'adore !

LUCETTE. – Chéri, va ! *(Elle se redresse, toujours à genoux, et sa main droite, en venant s'appuyer sur le guéridon, se pose sur le bouquet. À part.)* Oh ! quelle idée ! *(Reprenant la comédie qu'elle joue et les deux bras autour du cou de Bois-d'Enghien.)* Alors, nous pourrons nous aimer encore comme autrefois ?…

BOIS-D'ENGHIEN, *jouant la même comédie.* – Mais dame !

LUCETTE, *avec une joie feinte.* – Oh ! quelle joie !… moi qui me disais… Tu ne sais pas ce que je me disais ? « C'est fini, nos amours d'autrefois ! »

BOIS-D'ENGHIEN. – Nos amours ? Oh ! la, la, la, la !

LUCETTE, *montrant le bouquet du général, en tenant toujours du bras gauche Bois-d'Enghien par le cou.* – Tiens ! regarde ces fleurs des champs ! Elles ne te rappellent rien ?

BOIS-D'ENGHIEN, *sur le même ton sentimental.* – Si !… Elles me rappellent la campagne !

LUCETTE, *avec un soupir, se redressant sur ses deux genoux et les bras en l'air, comme pour embrasser les images qu'elle évoque ; pendant que Bois-d'Enghien, le bras droit autour de sa taille, l'écoute, le corps un peu courbé.* – Oui ! le temps où nous allions, comme deux étudiants, nous ébattre dans les blés !

BOIS-D'ENGHIEN, *à part.* – Ah ! voilà ce que je craignais : « Les petits oiseaux dans la prairie », les « Te souviens-tu ? ».

LUCETTE, *s'accroupissant à nouveau sur ses genoux pour rapprocher sa figure de la sienne en lui prenant le menton de la main droite.* – Te souviens-tu… ?

BOIS-D'ENGHIEN, *à part, le menton dans la main de Lucette.* – Là, qu'est-ce que je disais ?…

LUCETTE. – ... Nous nous roulions dans l'herbe, et moi, je prenais un bel épi... comme ça... *(Elle tire un épi de seigle du bouquet.)* et je te le mettais dans le cou !...

Profitant de ce que Bois-d'Enghien l'écoute, la tête un peu baissée, elle lui plonge l'épi dans le cou.

BOIS-D'ENGHIEN, *se débattant*. – Oh ! voyons, qu'est-ce que tu fais ?

LUCETTE, *enfonçant toujours*. – Et alors, il descendait... *(Appuyant sur chaque syllabe en faisant au public un clignement de l'œil, comme pour dire : « Attends un peu ! »)* Il descendait...

BOIS-D'ENGHIEN, *qui s'est levé, essayant de rattraper l'épi dans son cou*. – Oh ! mais c'est stupide ! je ne peux pas le rattraper !

LUCETTE, *seule, à genoux sur la chaise longue, hypocritement et d'une voix flûtée*. – Vrai ? Il te gêne ?

BOIS-D'ENGHIEN. – Mais dame !

LUCETTE, *avec une compassion feinte*. – Aaah !... *(Changeant de ton.)* Eh ben !... Enlève-le !

BOIS-D'ENGHIEN, *faisant des efforts désespérés pour retirer l'épi*. – Comment, « enlève-le » ! il est sous mon gilet de flanelle[1] !

LUCETTE, *sur le ton le plus naturel*. – Déshabille-toi !

BOIS-D'ENGHIEN, *furieux*. – Ah ! tu es folle ! ici ? Quand ma soirée de contrat a lieu à côté... ?

LUCETTE, *se levant et descendant en faisant le tour de la chaise longue*. – Qu'est-ce que tu as à craindre ?... Nous fermons tout... *(Elle remonte et ferme au fond et à gauche, puis redescendant.)* Si on vient, on trouvera ça tout naturel, puisqu'on sait que j'ai à m'habiller ; on croira que tu es parti !...

BOIS-D'ENGHIEN. – Mais non, mais non !...

LUCETTE, *avec lyrisme*. – Ah ! tu vois bien que tu ne m'aimes plus !

BOIS-D'ENGHIEN. – Mais si, mais si !

---

1. *Gilet de flanelle* : vêtement masculin en laine.

LUCETTE. – Sans ça, tu ne regarderais pas à te déshabiller devant moi.

BOIS-D'ENGHIEN, *toujours occupé de son épi qui le gêne et sur le même ton que son « Mais non, mais non ! » et son « Mais si, mais si ! ».*
155 – Mon Dieu ! mon Dieu !… *(Jouant des coudes pour faire descendre son épi.)* Oh ! mais c'est affreux, ce que ça pique !…

LUCETTE. – Mais ne sois donc pas bête !… va derrière ce paravent, et cherche-le, ton épi !

BOIS-D'ENGHIEN, *remontant.* – Ah ! ma foi, tant pis ! je n'y tiens
160 plus !… C'est bien fermé, au moins ?

LUCETTE. – Mais oui, mais oui… *(Bois-d'Enghien pénètre derrière le paravent dont il développe les feuilles autour de lui ; pendant ce temps Lucette a une pantomime au public, un geste expressif de possession, en même temps qu'elle murmure à voix basse : « Cette fois, je te*
165 *tiens ! » Puis, pendant ce qui suit, elle va doucement tourner la crémone*[1] *de la porte du fond, puis tirer le verrou de la porte de gauche.)*
Et moi-même je vais commencer à m'habiller pour les choses que j'ai à chanter ! *(Elle est allée prendre sa jupe de théâtre dans l'armoire et redescend près de la chaise longue.)*

170 BOIS-D'ENGHIEN, *derrière le paravent.* – C'est égal ! c'est raide[2], ce que tu me fais faire !

LUCETTE, *enlevant la jupe qu'elle a sur elle.* – Quoi ? pourquoi ? Tu as un épi qui te gêne, c'est tout naturel que tu le cherches.

BOIS-D'ENGHIEN. – Oh ! oui ! tu as une façon d'arranger les
175 choses !… *(On aperçoit, au-dessus du paravent, sa chemise qu'il est en train d'enlever.)* Ah ! je le tiens, le coquin !

LUCETTE, *de la chaise longue, avec une passion simulée.* – Tu l'as ! ah ! donne-le-moi ?

BOIS-D'ENGHIEN. – Pourquoi ?

180 LUCETTE. – Pour le garder, il a été sur ton cœur !

---

1. *Crémone* : ferrure qu'on hausse ou qu'on baisse en faisant tourner une poignée et qui sert à fermer ou à ouvrir une porte.
2. *C'est raide* : c'est un peu fort !

BOIS-D'ENGHIEN, *tout en restant à demi abrité par le paravent, il paraît en pantalon et en gilet de flanelle, le fameux épi à la main.* – Mais non ! je l'avais dans les reins.

> *Il fait mine de retourner derrière son paravent.*

185 LUCETTE. – Donne-le tout de même !
BOIS-D'ENGHIEN, *le lui apportant.* – Le voilà !

> *Il veut retourner au paravent, mais Lucette a mis le grappin sur sa main et d'un mouvement brusque l'attire à elle.*

LUCETTE, *avec une admiration feinte.* – Oh ! que tu es beau
190   comme ça !
BOIS-D'ENGHIEN, *fat.* – Oh ! voyons !…

> *Il fait mine de retourner, Lucette l'attire de nouveau à elle.*

LUCETTE, *même jeu.* – Est-il beau ! mon Dieu, est-il beau !
BOIS-D'ENGHIEN. – Je t'assure ! Si on entrait… c'est bien fermé ?
195 LUCETTE. – Mais oui, mais oui… *(L'attirant contre elle.)* Ah ! te sentir là près de moi… *(Se frappant sur la poitrine de la main droite, tout en le tenant de la main gauche.)* Tout à moi !… en gilet de flanelle !…
BOIS-D'ENGHIEN. – Oh ! voyons !
200 LUCETTE. – Et quand je pense… quand je pense que tout cela va m'être enlevé. Oh ! non, non, je ne veux pas !… je ne veux pas !… *(Elle l'a saisi n'importe comment par le cou, ce qui le fait glisser à terre, tandis qu'elle se laisse tomber assise sur le canapé, paralysant ses mouvements en le tenant toujours par le cou.)* Mon
205   Fernand, je t'aime, je t'aime, je t'aime.

> *Elle finit par le crier.*

BOIS-D'ENGHIEN, *affolé.* – Mais tais-toi donc ! mais tais-toi donc ! Tu vas faire venir !

LUCETTE, *criant*. – Ça m'est égal ! qu'on vienne !… On verra que
je t'aime. Oh ! mon Fernand ! je t'aime, je t'aime !…

> *Elle sonne, la main droite appuyée sur le timbre électrique qui retentit tant et plus.*

BOIS-D'ENGHIEN, *à genoux et toujours tenu par le cou, perdant la tête.* – Allons, bon ! le téléphone, à présent !… On sonne au téléphone ! Oh ! la, la !… mais tais-toi donc ! tais-toi donc !

> *Pendant tout ce qui précède, cris continus de Lucette.*

VOIX DU DEHORS. – Qu'est-ce qu'il y a ? Ouvrez !
BOIS-D'ENGHIEN. – On n'entre pas ! Mais tais-toi donc ! Mais tais-toi donc !

> *La porte du fond cède et tous les personnages de la soirée paraissent à l'embrasure. Marceline paraît à gauche.*

Scène 18

LES MÊMES, LA BARONNE, VIVIANE, DE CHENNEVIETTE,
LE GÉNÉRAL, MARCELINE, DE FONTANET, INVITÉES, INVITÉS

TOUT LE MONDE[1]. – Oh !
BOIS-D'ENGHIEN. – On n'entre pas, je vous dis ! On n'entre pas !
LA BARONNE, *cachant la tête de sa fille contre sa poitrine*. – Horreur ! En gilet de flanelle !
LUCETTE, *comme sortant d'un rêve*. – Ah ! jamais ! jamais je n'ai été aimée comme ça !
BOIS-D'ENGHIEN. – Qu'est-ce qu'elle dit ?

---

1. M. – L. sur la chaise longue. – Ch. et F. au-dessus. – B. d'E. – La B. – V. (*Note de l'Auteur.*)

Tous. – Quel scandale !...
La Baronne. – Une pareille chose chez moi ! sortez, monsieur ! Tout est rompu !...
Bois-d'Enghien. – Mais, madame !...
Le Général, *qui vient d'entrer, et descendant vers Bois-d'Enghien.* – Demain, à la matin, yo vous touerai !
Bois-d'Enghien, *désespéré.* – Mon Dieu ! mon Dieu !...

RIDEAU

■ Croquis du costume de madame Duverger par Michel Fresnay pour la mise en scène de Pierre Mondy au théâtre du Palais-Royal (1989).

Acte III

Le théâtre est divisé en deux parties. La partie droite, qui occupe les trois quarts de la scène, représente le palier du deuxième étage d'une maison neuve ; au fond, escalier praticable[1], très élégant, montant de droite à gauche. Contre la cage de l'escalier, face au public, une banquette. Au premier plan, à droite, porte donnant sur l'appartement de Bois-d'Enghien ; bouton électrique[2] à la porte ; à droite de la porte, un siège en X appareillé à la banquette. À gauche, premier plan, dans la cloison qui coupe le théâtre en deux, et formant vis-à-vis à la porte de droite, autre porte ouvrant directement sur le cabinet de toilette de Bois-d'Enghien. La porte se développe intérieurement dans le cabinet, de l'avant-scène vers le fond. C'est ce cabinet de toilette qui forme la partie gauche du théâtre. À gauche, deuxième plan, une fenêtre ouvrant sur l'intérieur. Au fond à gauche, face au public, une porte à un battant ouvrant extérieurement sur un couloir. À droite de la porte, grande toilette-lavabo avec tous les ustensiles de toilette, flacons, brosses, peignes, éponges, verre et brosse à dents, serviettes, etc. À gauche, premier plan, une chaise avec, dessus, des vêtements d'homme pliés ; au-dessus, un fauteuil. Entre le fauteuil et la fenêtre, une patère[3] à laquelle est suspendu un peignoir de femme ; par terre, une paire de mules[4] de femme. À la cloison de droite, près du lavabo, portemanteau à trois champignons[5]. Les deux portes du palier sont munies à l'intérieur de vraies serrures ouvrant et fermant à clé.

---

1. Praticable : sur lequel on peut marcher et jouer, qui n'est pas qu'un simple accessoire théâtral.
2. Bouton électrique : sonnette.
3. Patère : crochet fixé au mur, servant à pendre des vêtements.
4. Mules : chaussures d'intérieur laissant l'arrière du pied découvert.
5. Champignons : saillies pour accrocher les chapeaux.

Scène première

JEAN, *puis* UN FLEURISTE

Au lever du rideau, Jean, dans le cabinet de toilette, et près du fauteuil, est en train de faire les bottines de son maître. Il tient une bottine à la main et la frotte avec une flanelle.

JEAN, *tout en frottant*. – C'est épatant !… Le lendemain du soir où l'on a signé son contrat, ne pas être encore rentré à dix heures du matin ! C'est épatant ! *(Il pose la bottine qu'il tenait et prend l'autre qu'il frotte également.)* Moi, je ne pose pas pour la morale, mais quand on est fiancé on doit rentrer coucher chez soi… *(Il souffle sur la bottine pour la faire reluire.)* Ou alors on fait ce que je faisais… on couche avec sa future femme !… *(Le fleuriste, qui est monté pendant ce qui précède avec une corbeille de fleurs sur la tête, s'arrête sur le palier, regarde la porte de droite et celle de gauche, et va sonner à droite.)* Qui est-ce qui sonne ! Ça n'est pas monsieur, il a sa clé. *(Indiquant la porte au fond qui ouvre sur le couloir.)* Ah ! bien, si tu crois que je vais faire le tour pour t'ouvrir… *(Il ouvre la porte du cabinet qui donne sur le palier.)* Quoi ? qu'est-ce que c'est ?

LE FLEURISTE, *de l'autre côté du palier, va à lui*. – Ah ! pardon !… le mariage Brugnot ?

JEAN, *avec humeur*. – Eh ! c'est au-dessus, le mariage Brugnot ! au troisième !

LE FLEURISTE. – Le concierge m'a dit au deuxième.

JEAN. – Eh bien ! oui ! au-dessus de l'entresol[1].

LE FLEURISTE. – Je vous demande pardon.

Jean referme la porte avec mauvaise humeur. Le fleuriste monte au-dessus.

---

1. Entresol : étage intermédiaire entre le rez-de-chaussée et le premier étage.

JEAN. – C'est assommant ! C'est le sixième depuis ce matin pour le mariage Brugnot. Si ça continue, je mettrai un écriteau : « La mariée est au-dessus ! »

Scène 2

JEAN, BOIS-D'ENGHIEN

Bois-d'Enghien en habit, sous son paletot, l'air défait[1], la chemise chiffonnée, la cravate mise de travers, paraît sur le palier.

BOIS-D'ENGHIEN. – En voilà une nuit !

Il sonne à droite longuement.

JEAN. – Allons, bon ! encore un pour le mariage Brugnot ! *(Ouvrant brusquement la porte du cabinet de toilette sur le palier et d'un air dur.)* C'est pas ici, c'est au-dessus !
BOIS-D'ENGHIEN. – Hein ?
JEAN, *reconnaissant Bois-d'Enghien*. – Monsieur ! Comment, c'est monsieur !
BOIS-D'ENGHIEN, *grincheux, entrant dans le cabinet, et gagnant le 1*. – Vous voyez bien que c'est moi !
JEAN (2). – Oh ! Monsieur, dix heures du matin ! un lendemain de soirée de contrat ! Est-ce que c'est une heure pour rentrer ?
BOIS-D'ENGHIEN, *même jeu*. – Ah ! fichez-moi la paix !
JEAN. – Oui, monsieur !
BOIS-D'ENGHIEN, *donnant à Jean son paletot et son chapeau*. – Non, je vous conseille de parler… vous à cause de qui j'ai dû passer ma nuit à l'hôtel !

---

1. *Défait* : désemparé.

JEAN. – À l'hôtel, à cause de moi ?

BOIS-D'ENGHIEN. – Absolument ! Si vous aviez été là quand je suis rentré cette nuit… Mais non, j'ai eu beau sonner, carillonner…

JEAN. – Mais monsieur n'avait donc pas sa clé !

BOIS-D'ENGHIEN. – Mais si !… je l'avais bien emportée ; seulement je l'ai oubliée dans le dos de quelqu'un !

JEAN, *allant accrocher le chapeau et le paletot à la patère de droite.* – Ah ! si monsieur laisse sa clé n'importe où !

BOIS-D'ENGHIEN, *enlevant son habit, son gilet, sa cravate et son faux col pendant ce qui suit.* – Est-ce que c'est ma faute !… D'abord pourquoi n'étiez-vous pas là ? Où étiez-vous ?

JEAN. – Monsieur le demande ! Mais chez ma femme ! chez madame Jean… C'était mon jour… Monsieur sait bien qu'il m'a autorisé une fois par semaine à honorer madame Jean.

BOIS-D'ENGHIEN. – Oui. Eh bien ! vous êtes embêtant avec madame Jean.

JEAN, *piqué.* – Embêtant… pour monsieur !

BOIS-D'ENGHIEN. – Naturellement, pour moi !

JEAN. – Ah ! oui ! parce que pour madame Jean…

BOIS-D'ENGHIEN, *rageur.* – Qu'est-ce que ça me fait, madame Jean. Je ne m'occupe que de moi là-dedans.

JEAN, *narquois*[1]. – Je le vois, monsieur.

BOIS-D'ENGHIEN, *même jeu.* – Je vous demande un peu ce qu'elle a de si attrayant, madame Jean !

JEAN. – Monsieur me dispensera de lui donner des détails… Je dirai seulement à monsieur que je n'ai pas encore de petits Jean, et comme ce n'est pas monsieur qui m'en donnera… ni personne…

BOIS-D'ENGHIEN. – Allons, c'est bon… Et tenez, au lieu de tenir des propos inutiles et pendant que j'y pense, à cette clé, vous allez me faire le plaisir d'aller tout de suite…

---

1. *Narquois* : ironique.

JEAN, *sans attendre la fin de la phrase.* – ... La réclamer, oui, monsieur.

BOIS-D'ENGHIEN, *l'arrêtant.* – Mais non ! mais non ! Attendez donc ! Je la laisse où elle est !... Mais d'aller chercher un serrurier pour qu'il me mette une autre serrure à laquelle mes anciennes clés ne pourront pas aller.

JEAN. – Ah ! bon, oui, monsieur.

Il remonte pour sortir par le fond.

BOIS-D'ENGHIEN, *lui indiquant la porte du palier.* – Non, tenez, passez par là... ce sera plus vite fait.

JEAN. – Bien, monsieur. Monsieur a là tout ce qu'il faut pour se changer.

BOIS-D'ENGHIEN. – Bon, bon, faites vite !

Jean sort, sans la fermer, par la porte donnant sur le palier et descend.

Scène 3

BOIS-D'ENGHIEN, *puis* UN MONSIEUR ET UNE DAME

BOIS-D'ENGHIEN, *s'asseyant sur le fauteuil et enlevant son pantalon.* – Ah ! je m'en souviendrai de la nuit du 16 avril 1893 ! Elle doit être contente de son ouvrage, Lucette... Un scandale épouvantable ; moi, expulsé de la maison ; mon mariage fichu... Elle doit être contente. Oh ! mais si elle croit qu'elle l'emportera en paradis. *(Il est en caleçon et va à sa toilette dont il fait couler le robinet pour remplir sa cuvette.)* Et par-dessus le marché, cette nuit, dans cet hôtel... en habit... sans linge, sans rien de ce qu'il faut pour la toilette... J'ai dû coucher avec ma chemise de jour ! Ah ! je m'en souviendrai !

> *Il se plonge la tête dans sa cuvette et se débarbouille. Le monsieur et la dame paraissent sur le palier. Le monsieur va pour monter plus haut.*

LA DAME, *indiquant la porte entrebâillée.* – Mais non, mon ami, ça doit être là.
LE MONSIEUR. – Tu crois ?
LA DAME. – Mais oui, tu vois la porte est entrebâillée comme ça se fait les jours de cérémonie !
LE MONSIEUR. – Ah ? Je veux bien. *(Il entre carrément, suivi de sa femme, chez Bois-d'Enghien.)* C'est drôle, tu crois que c'est là... ?

> *Il gagne le 1.*

BOIS-D'ENGHIEN, *du fond, la figure ruisselante d'eau et son éponge à la main.* – Eh bien ! qu'est-ce que vous demandez ?
LE MONSIEUR ET LA DAME. – Oh !

> *La dame passe à l'extrême gauche.*

LE MONSIEUR (2). – Oh ! pardon !
LA DAME (1). – Un homme déshabillé !
BOIS-D'ENGHIEN (3). – Qu'est-ce que vous voulez ?
LE MONSIEUR, *interloqué.* – Le mariage Brugnot, ça n'est pas ici ?
BOIS-D'ENGHIEN. – Mais vous le voyez bien que ce n'est pas ici... c'est au-dessus... En voilà des façons d'entrer quand je fais ma toilette.
LA DAME, *passant au 3.* – Aussi, monsieur, on ferme sa porte quand on est dans cette tenue.
BOIS-D'ENGHIEN (2). – Non, mais c'est ça, attrapez-moi encore ! Je ne vous ai pas prié d'entrer ! ce n'est pas « entrée libre » ici... Allez-vous-en, voyons ! Allez-vous-en !

> *Il leur ferme la porte au nez.*

LE MONSIEUR. – Quel butor !

BOIS-D'ENGHIEN. – Non, elle est bonne encore celle-là !...

Il s'essuie la figure.

LE MONSIEUR, *montant à la suite de sa femme.* – Mais tu vois ! Je savais bien que c'était au-dessus.

LA DAME. – Qu'est-ce que tu veux, mamour, on peut se tromper.

Ils disparaissent.

BOIS-D'ENGHIEN. – Il ne manque plus que de faire le métier de concierge ici ! Aussi c'est la faute à cet imbécile de Jean qui ne ferme pas sa porte en s'en allant.

Scène 4

BOIS-D'ENGHIEN, BOUZIN, *puis* LE GÉNÉRAL,
puis LE FLEURISTE

Bouzin, venant du bas, arrive sur le palier et va vers la porte de droite.

BOUZIN. – Bois-d'Enghien... au deuxième ! C'est ici !

Il sonne à droite.

BOIS-D'ENGHIEN, *qui a versé de l'eau dans son verre de toilette et s'apprête à se laver les dents.* – Allons, bon ! On sonne, et Jean qui n'est pas là. Qui est-ce qui peut venir à cette heure-ci ! Tant pis ! On attendra !

BOUZIN. – Ah ! çà ! il n'y a donc personne !

Il ressonne.

BOIS-D'ENGHIEN. – Encore !... Je ne peux pourtant pas aller ouvrir dans ce costume !

BOUZIN, *s'impatientant*. – Eh bien ! voyons !

Il sonne longuement.

BOIS-D'ENGHIEN, *entrouvrant sa porte et passant la tête tout en dissimu-*
lant son corps derrière le battant de la porte. – Quoi ? Qu'est-ce que c'est ?

BOUZIN, *traversant le palier*. – Ah ! Monsieur Bois-d'Enghien, c'est moi !

BOIS-D'ENGHIEN. – Vous ! Qu'est-ce que vous voulez ? Je ne suis pas visible !

Il veut refermer sa porte.

BOUZIN, *l'empêchant de fermer*. – Ce ne sera pas long, monsieur. C'est maître Lantery qui m'envoie…

BOIS-D'ENGHIEN, *même jeu*. – Mais non, voyons ! Je m'habille !…

BOUZIN, *même jeu*. – Oh ! moi, monsieur, ça n'a pas d'importance.

BOIS-D'ENGHIEN. – Après tout, comme vous voudrez… Quoi ? Qu'est-ce qu'il y a ?

Bouzin entre dans le cabinet de toilette dont Bois-
d'Enghien referme la porte.

BOUZIN (1). – Eh bien ! voilà ! C'est maître Lantery qui m'a chargé de vous remettre cet exemplaire de votre contrat.

Il tire un contrat plié de sa poche.

BOIS-D'ENGHIEN. – De mon contrat ! Ah ! bien ! il tombe bien ! il est joli mon contrat ! Vous pouvez le déchirer, mon contrat !

BOUZIN. – Comment ?

BOIS-D'ENGHIEN. – Mais d'où arrivez-vous ? Vous ne savez donc pas qu'il est rompu, mon mariage ? Et tenez ! *(Mettant sa brosse à dents dans sa bouche et l'y maintenant par la pression de ses mâchoires, tandis qu'il prend le contrat des mains de Bouzin.)* Voilà ce que j'en fais de votre contrat !

Il le déchire en deux.

BOUZIN. – Oh ! Eh bien ! et moi qui étais chargé de vous remettre la note des frais et honoraires.

BOIS-D'ENGHIEN, *avec un rire amer, pendant que Bouzin ramasse les morceaux du contrat.* – Ah ! ah ! ah ! la note des frais. Ah ! ah ! ah ! la note des honoraires ! Ah ! il en a de bonnes ! tout est rompu et il faudrait encore que ça me coutât de l'argent. Ah ! non !

BOUZIN. – Cependant...

Pendant ce qui précède, le général, avec une figure où se dissimule mal une colère contenue, surgit de l'escalier et sonne à droite.

BOIS-D'ENGHIEN. – Allons bon !... Qui est-ce qui vient là encore ?

BOUZIN. – Pardon, mais...

BOIS-D'ENGHIEN. – Oui, oui, tout à l'heure ! Tenez, voulez-vous me rendre un service... je n'ai personne pour ouvrir, voulez-vous y aller ?

BOUZIN. – Volontiers !

Il fait mine d'aller à la porte du palier.

BOIS-D'ENGHIEN, *l'arrêtant et lui indiquant la porte du fond.* – Non. Tenez, par là... Vous suivez le couloir et à droite... Vous m'excuserez et vous direz que je ne puis recevoir.

BOUZIN. – Parfait.

Il sort par le fond, le général ressonne.

BOIS-D'ENGHIEN. – Qu'est-ce qu'on a donc à sonner comme ça, ce matin ?

Le Général, *furieux*. – Caray ! *(prononcer : Careï !)* Me van hacer esperar toda la vida[1] ?

Il sonne longuement avec colère.

Bois-d'Enghien, *riant*. – Oh ! oh ! on s'impatiente !
Voix de Bouzin, *à droite*. – Voilà, voilà !
Le Général, *prenant du champ en gagnant à reculons le milieu du palier*. – Eh bienne ! voyons ! *(Bouzin ouvre la porte.)* Monsieur Bodégué ?
Bouzin, *qui a fait deux pas sur le palier, reconnaissant le général.* – Ciel ! le Canaque[2] !

Il esquisse une volte-face rapide, se sauve éperdu et ferme brusquement la porte au nez du général.

Le Général, *furieux*. – Boussin ! Quel il a dit ? La Canaque ? Veux-tu ouvrir ? Boussin ! Veux-tu ouvrir ?

Il sonne et frappe à coups redoublés sur la porte.

Bois-d'Enghien, *au bruit que fait le général, ouvrant sa porte qui donne sur le palier et passant la tête, tout en se cachant derrière le battant de la porte*. – Eh bien ! qui est-ce qui fait ce tapage ?... Le général ?
Le Général, *entrant comme une bombe chez Bois-d'Enghien, qu'il bouscule au passage*. – Vouss ! c'est vouss ! Bueno ! Tout à l'heure, vouss ! Boussin il est ici ?
Bois-d'Enghien. – Mais oui, quoi ?
Le Général. – Il m'a nommé « la Canaque » ! Boussin ! « la Canaque » !

Il a gagné l'extrême gauche, au 1.

---

1. *Caray ! Me van hacer esperar toda la vida ?* : Zut ! On va me faire attendre toute la vie ?
2. *Canaque* : autochtone de Nouvelle-Calédonie. Employé ici de manière péjorative pour désigner le général Irrigua.

BOUZIN, *affolé, paraissant au fond.* – Monsieur, c'est le géné...
(*Reconnaissant le général.*) Sapristi, encore lui !

> *Il referme brusquement la porte et disparaît comme un fou.*

LE GÉNÉRAL. – Loui ! Attends, Boussin ! Attends, Boussin !
BOIS-D'ENGHIEN, *essayant de s'interposer.* – Voyons ! voyons !
LE GÉNÉRAL. – Laissez-moi ! Tout à l'heure, vouss !

> *Il repousse Bois-d'Enghien et se précipite par le fond à la poursuite de Bouzin.*

BOIS-D'ENGHIEN. – Non, mais c'est ça, ils viennent se dévorer chez moi, à présent !

> *Il ouvre la porte donnant sur le palier pour voir, toujours derrière son battant de porte, ce qui va se passer.*

BOUZIN, *apparaissant par la porte donnant de droite, qu'il referme brusquement, s'élance dans l'escalier en passant devant Bois-d'Enghien sans s'arrêter.* – Ne lui dites pas que je monte ! Ne lui dites pas que monte !
BOIS-D'ENGHIEN, *riant.* – Non !

> *Bouzin se cogne dans le fleuriste qui, pendant ce qui précède, est descendu d'un pas pressé.*

LE FLEURISTE. – Faites donc attention !

> *Le fleuriste et Bouzin disparaissent, le premier descendant, le second montant.*

LE GÉNÉRAL, *surgissant de droite.* – Où il est Boussin ? Où il est ?
BOIS-D'ENGHIEN, *derrière son battant.* – Tenez, il descend ! il descend !
LE GÉNÉRAL, *se penchant au-dessus de la rampe.* – Oui, yo le vois !...
(*Se précipitant dans l'escalier qu'il descend quatre à quatre.*)

Attends, Boussin ! Attends, Boussin ! Ah ! yo souis oune Canaque !

Il disparaît.

125 BOIS-D'ENGHIEN, *pendant que Bouzin apparaît effondré sur la rampe de l'escalier.* – Oui, cours après ! tu auras de la chance si tu le rattrapes !

Scène 5

BOIS-D'ENGHIEN, BOUZIN, *puis* LUCETTE

BOUZIN, *redescendant, tout défait, après s'être assuré, en jetant un regard par-dessus la rampe, qu'il n'y a plus de danger.* – Il est parti ?
BOIS-D'ENGHIEN, *sur le pas de sa porte, riant.* – Oui, oui, il est en train de courir après vous !
5 BOUZIN, *entrant chez Bois-d'Enghien et se laissant tomber sur le fauteuil.* – Oh ! là, mon Dieu !
BOIS-D'ENGHIEN (2), *qui a fermé sa porte.* – Eh bien ! j'espère que vous en avez piqué, une course !
BOUZIN. – Ah ! ne m'en parlez pas !... Mais qu'est-ce qu'il a après
10 moi, ce sauvage ? Qu'est-ce qu'il a ? Est-ce que je suis voué à cette chasse à courre[1] chaque fois que je le rencontrerai... Enfin, qu'est-ce qu'il me reproche ? Il ne vous l'a pas dit ?
BOIS-D'ENGHIEN, *avec un sérieux comique.* – Il vous reproche d'être l'amant de Lucette Gautier.
15 BOUZIN, *se levant et protestant hautement.* – Moi ? mais c'est faux ! Mais dites-lui que c'est faux ! Jamais, vous m'entendez, jamais, il n'y a rien eu entre mademoiselle Gautier et moi !

---

1. Chasse à courre : chasse pratiquée à cheval, pour traquer le gros gibier.

(*Se méprenant sur le sourire railleur de Bois-d'Enghien.*) Je vous en donne ma parole d'honneur !

BOIS-D'ENGHIEN, *avec une conviction jouée.* – Non ?

BOUZIN, *appuyant.* – Jamais ! J'ignore si mademoiselle Gautier a un sentiment pour moi, – elle ne me l'a jamais dit, – en tout cas… je sais très bien que de mon côté… aussi, si c'est mademoiselle Gautier qui a été raconter… Eh bien, j'ai le regret de le dire : elle se vante !… (*Suppliant.*) Oh ! je vous en prie, ça ne peut pas durer, cette situation-là ! Voyez le général, expliquez-lui… et faites cesser ce malentendu dont les conséquences deviennent menaçantes pour moi.

BOIS-D'ENGHIEN. – C'est bien, je lui parlerai !

Lucette paraît, venant du dessous.

LUCETTE, *s'arrête sur le palier, reprend un instant sa respiration puis, se décidant, va sonner à droite.* – Ah ! le premier choc va être dur !

BOIS-D'ENGHIEN, *au son du timbre électrique.* – Encore !… (*La figure de Bouzin exprime un sentiment d'épouvante.*) Ah ! Bouzin, je vous en prie, voulez-vous aller ouvrir… ?

BOUZIN, *mettant le fauteuil entre lui et la porte.* – Moi ! Oh ! non, non, je n'ouvre plus, je n'ouvre plus !…

BOIS-D'ENGHIEN. – Comment ?

BOUZIN. – Oh ! non, ça n'aurait qu'à être un nouveau général !

Lucette ressonne.

BOIS-D'ENGHIEN, *montrant sa tenue.* – Voyons ! je ne peux pourtant pas aller ouvrir comme ça !

LUCETTE. – Il doit se douter que c'est moi ! Il n'ouvre pas ! Eh ! je suis bête… j'ai la clé de son cabinet de toilette que j'ai retrouvée dans mon dos…

Elle prend la clé dans sa poche et traverse le théâtre.

BOIS-D'ENGHIEN, *essayant de persuader Bouzin.* – Allons, Bouzin ?

BOUZIN, *décidé à ne pas bouger.* – Non ! non ! non ! non !

        Lucette introduit la clé dans la serrure de la porte de gauche.

BOIS-D'ENGHIEN, *entendant le bruit de la clé dans la serrure.* – Eh bien ! Qu'est-ce que c'est ? *(La porte s'ouvre.)* Qui est là ?

LUCETTE, *entrant, et avec une froide résolution.* – C'est moi !

BOUZIN. – Lucette Gautier !

BOIS-D'ENGHIEN, *passant à l'extrême gauche.* – Toi ?... Vous ?

LUCETTE, *même jeu.* – Oui, moi !

BOIS-D'ENGHIEN (1). – Ah bien ! par exemple, c'est de l'aplomb !

LUCETTE (3), *bien nettement.* – J'ai à te parler.

BOUZIN (2), *un peu au fond.* – À moi ?

LUCETTE, *haussant les épaules.* – Eh ! non ! *(À Bois-d'Enghien.)* À toi ! *(À Bouzin.)* Laissez-nous, monsieur Bouzin.

BOIS-D'ENGHIEN, *le prenant de haut.* – Inutile ! Vous n'avez rien à me dire qui ne puisse être dit devant un tiers.

LUCETTE, *autoritaire, scandant chaque syllabe.* – J'ai à te parler... *(À Bouzin.)* Laissez-nous, monsieur Bouzin !

BOIS-D'ENGHIEN, *avec une condescendance*[1] *dédaigneuse.* – Soit !... Veuillez m'attendre à côté, Bouzin, je vous appellerai quand... madame aura fini !

BOUZIN. – Bien ! *(Il remonte jusqu'à la porte du fond, puis, à part, au moment de sortir.)* Est-ce qu'elle m'aurait suivi ?

        Il sort.

BOIS-D'ENGHIEN, *avec une colère contenue.* – Et maintenant, qu'est-ce qu'il y a ? Qu'est-ce que vous voulez ?

LUCETTE. – J'étais venue... *(Intimidée par le regard dur de Bois-d'Enghien)* pour te rapporter ta clé.

BOIS-D'ENGHIEN. – C'est très bien, posez-la là !... *(Elle pose la clé sur la toilette.)* Je suppose que vous n'avez rien d'autre à me dire ?

---

1. Condescendance : supériorité qui veut paraître bienveillante.

LUCETTE. – Si ! *(Avec expansion, se jetant à son cou.)* J'ai à te dire que je t'aime.

BOIS-D'ENGHIEN, *se dégageant*. – Oh ! non ! pas de ça, madame ! c'est fini ces plaisanteries-là !

LUCETTE. – Oh !

BOIS-D'ENGHIEN. – J'ai pu être bête pendant longtemps, mais il y a limite à tout. Ah ! vous avez cru que ça se passerait comme ça, que vous pourriez briser mon mariage en me ridiculisant par un éclat grotesque et qu'il vous suffirait de revenir et de me dire : « Je t'aime ! » pour qu'aussitôt tout fût oublié et que je reprisse ma chaîne ?

LUCETTE, *passant au 1, avec amertume*. – Sa chaîne !

BOIS-D'ENGHIEN. – Oui… Eh bien ! vous vous êtes trompée !… Ah ! vous m'aimez !… Eh bien ! je m'en fiche que vous m'aimiez ! J'en ai par-dessus la tête de votre amour, et la preuve, tenez ! *(Il ouvre la porte.)* La porte est ouverte, vous pouvez la prendre.

LUCETTE, *avec une légitime indignation*. – Tu me chasses ! moi ! moi !

BOIS-D'ENGHIEN. – Ah !… Et puis, pas d'histoires, hein ? Allez-vous-en !… que ce soit fini, allez-vous-en !…

LUCETTE. – Ah ! c'est ainsi ? C'est bien ! Tu n'auras pas besoin de me le dire deux fois !

> *Elle sort.*
> *Bois-d'Enghien ferme la porte sur elle, mais Lucette qui est revenue sur ses pas, arrêtant le battant au moment où la porte va se refermer, et rentrant dans le cabinet de toilette.*

LUCETTE. – Mais, prends garde ! Si tu me laisses franchir le seuil de cette porte, tu ne me reverras jamais !

BOIS-D'ENGHIEN. – Marché conclu !

LUCETTE. – Bon ! *(Même jeu que précédemment. Sortie de Lucette et rentrée au moment où Bois-d'Enghien referme la porte.)* Mais réfléchis-y bien !

BOIS-D'ENGHIEN, *à part*. – Oh ! le fil à la patte !

LUCETTE. – Si tu me laisses franchir…

115 BOIS-D'ENGHIEN. – Oui, oui, oui, c'est entendu !

LUCETTE. – C'est très bien !… *(Elle sort. Bois-d'Enghien referme brusquement la porte sur elle. Lucette se retournant dans l'intention de rentrer comme précédemment.)* Mais tu sais… *(Trouvant la porte close.)* Fernand, veux-tu m'ouvrir ! Fernand, écoute-moi !

120 BOIS-D'ENGHIEN, *de sa chambre*. – Non !

LUCETTE, *à travers la porte*. – Fernand, réfléchis bien à ce que tu fais… Tu sais, c'est pour toujours !

BOIS-D'ENGHIEN. – Oh ! oui, pour toujours ! oh ! oui, pour toujours !

125 LUCETTE, *allant s'abattre sur la banquette*. – Oh ! ingrat ! sans cœur !

BOIS-D'ENGHIEN, *qui, pendant ce qui précède, est allé décrocher le peignoir de la patère, le mettant en boule, et, après avoir ouvert la porte, le jetant aux pieds de Lucette*. – Et tiens, ton peignoir !

Il referme brusquement la porte et court chercher les mules
130 *de Lucette.*

LUCETTE, *indignée*. – Oh !

BOIS-D'ENGHIEN, *rouvrant la porte*. – Tiens, tes mules !

Il referme la porte.

LUCETTE, *même jeu*. – Oh !… *(À travers la porte, à Bois-d'Enghien.)*
135 Ah ! c'est comme ça ! Eh bien ! tant pis pour toi, tu pourras dire que c'est toi qui m'auras poussée à cette extrémité.

BOIS-D'ENGHIEN. – Hein ?

LUCETTE, *tirant de sa poche le pistolet du deuxième acte*. – Tu sais, mon pistolet ? Eh bien ! je vais me tuer !

140 BOIS-D'ENGHIEN, *se précipitant au-dehors, la porte reste grande ouverte*. – Te tuer ! te tuer ! *(Se jetant sur Lucette.)* Veux-tu me donner ça !

LUCETTE, *se débattant*. – Jamais de la vie !

BOIS-D'ENGHIEN, *esseyant de lui arracher le pistolet.* – Veux-tu me donner cela ? *(Au public, tout en lui tenant le bras au bout duquel est le pistolet.)* Oh ! ce pistolet ! je le trouverai donc toujours entre nous ?

LUCETTE, *même jeu.* – Veux-tu me laisser !

BOIS-D'ENGHIEN. – Allons ! allons ! donne-moi ça !

LUCETTE. – Non !

BOIS-D'ENGHIEN. – Si ! *(Il a saisi le pistolet par le canon, Lucette le tire par la crosse, ce qui fait sortir l'éventail de sa gaine. Restant avec le pistolet en main, l'éventail sorti.)* Hein ?

LUCETTE. – Oh !

BOIS-D'ENGHIEN. – Un éventail !

LUCETTE, *furieuse, trépignant de rage.* – Tu sais, Fernand, tu sais…

BOIS-D'ENGHIEN, *avec un rire sarcastique.* – Ah ! ah ! ah ! voilà avec quoi elle se tue, un accessoire de théâtre !

LUCETTE, *même jeu.* – Tu sais, Fernand, tu sais…

BOIS-D'ENGHIEN. – Ah ! ah ! ah ! c'est avec ça qu'elle se tue !… Va donc… cabotine[1] !

LUCETTE, *au comble de la colère.* – Tu ne me reverras jamais !

Elle disparaît dans l'escalier.

BOIS-D'ENGHIEN. – C'est ça, va donc… *(Posant l'éventail sur la banquette et prenant la robe de chambre et les mules.)* Tu oublies ton peignoir !… *(il le lui jette par-dessus la rampe, dans la cage de l'escalier)* et tes mules !

Même jeu.

VOIX DE LUCETTE. – Oh !…

BOIS-D'ENGHIEN, *reprenant l'éventail sur la banquette.* – Ah ! là ! là !… Et dire que j'ai été assez bête pour donner dans ses suicides !… Avec un éventail ! Ah ! là ! là ! *(Il a rentré l'éventail*

---

1. Cabotine : jeu sur le double sens du terme, à la fois « comédienne sans talent » et « personne qui a des manières affectées ».

dans le canon et posé le pistolet sur le siège de droite.) Enfin, j'aurai la paix maintenant. *(Il est à l'extrême droite et va pour rentrer chez lui ; à ce moment, la fenêtre de son cabinet de toilette s'ouvre brusquement, un courant d'air s'établit et la porte se referme violemment. Il s'est précipité pour l'empêcher, mais il arrive juste à temps pour recevoir la porte sur le nez.)* Oh ! allons bon ! ma porte qui s'est fermée !… *(Appelant et frappant à la porte.)* Ouvrez ! ouvrez !… Ah ! mon Dieu… Personne ! ma clé qui est sur la toilette… et Jean qui est dehors… *(Ne sachant où donner de la tête.)* Mais je ne peux pas rester sur le palier dans cette tenue !… Que faire ?… mon Dieu ! que faire ? *(Appelant dans la cage de l'escalier.)* Concierge, concierge !

BOUZIN, *après avoir frappé à la porte du fond du cabinet de toilette, passant timidement la tête.* – Vous ne m'avez pas oublié, monsieur de Bois-d'Enghien ?… Hein ? personne… Comment, il est parti ?

Voyant la fenêtre ouverte, il la referme.

BOIS-D'ENGHIEN, *effondré sur la banquette.* – Ah ! mon Dieu !… Et dire qu'il y a une noce dans la maison !

BOUZIN. – Ma foi, je n'ai qu'une chose à faire, je reviendrai.

Il se dirige pour sortir vers la porte sur le palier.

BOIS-D'ENGHIEN. – Oh ! si je sonnais… Bouzin entendrait peut-être.

Il va à droite et sonne sans interruption.

BOUZIN, *qui avait déjà la main sur le bouton de la porte, immédiatement pétrifié.* – Mon Dieu ! ça doit être encore le général… et je suis seul !

Il se sauve par le fond pour se réfugier dans le salon.

BOIS-D'ENGHIEN, *continuant de sonner.* – Non, non, il ne viendra pas !… Parbleu, il entend ! mais il n'osera pas ouvrir… Ah !

bien, je suis bien, moi, je suis bien ! *(Se penchant au-dessus de la rampe.)* Concierge ! concierge !... *(Brusquement.)* Ah ! mon Dieu ! quelqu'un qui monte.*(Il se précipite dans l'escalier qui monte aux étages supérieurs, il disparaît un instant ; il reparaît presque aussitôt, absolument affolé.)* Toute la noce... toute la noce qui descend !... Je suis cerné !... je suis cerné !...

Il se fait tout petit dans l'embrasure de la porte de droite.

Scène 6

BOIS-D'ENGHIEN, LA NOCE, LE GÉNÉRAL, *puis* UN MONSIEUR

La noce descend du dessus. Tout le monde parle à la fois. – Le beau-père : « Dépêchons-nous ! » – La mariée : « Mais nous avons le temps ! » – Le gendre : « La mairie, c'est à onze heures ! » (Etc., etc.)

TOUS, *apercevant Bois-d'Enghien*. – Oh !
BOIS-D'ENGHIEN, *essayant de se donner une contenance : galamment à la mariée*. – Madame, tous mes vœux de bonheur !
TOUS, *levant de grands bras*. – Quelle horreur !
LE BEAU-PÈRE. – Un homme en caleçon !
LE GENDRE. – Il faut se plaindre !
LA BELLE-MÈRE. – Il faut avertir le concierge !
BOIS-D'ENGHIEN, *décrivant un demi-cercle en faisant force courbettes. Il se trouve ainsi avoir gagné la gauche du palier*. – Mesdames, messieurs !
TOUS. – Voulez-vous vous cacher... ! Quelle horreur !

Ils descendent tous, scandalisés, en levant de grands bras, ils se croisent avec le général qui apparaît de droite.

BOIS-D'ENGHIEN, *désespéré.* – Quelle position, mon Dieu ! *(Apercevant le général.)* Allons, bon ! le général !

LE GÉNÉRAL, *ahuri de trouver Bois-d'Enghien dans cette tenue sur le palier.* – Bodégué ! en maillotte !

BOIS-D'ENGHIEN, *à part, exaspéré.* – Le général, à présent !... Il ne manquait plus que lui !

LE GÉNÉRAL. – Porqué vous l'est en maillotte ?

BOIS-D'ENGHIEN, *furieux.* – « Porqué... ! Porqué... ! » porqué vous voyez bien que je ne peux pas rentrer chez moi !... Ma porte s'est fermée sur mon dos...

LE GÉNÉRAL, *riant.* – Ah ! ah ! il est rissible !

BOIS-D'ENGHIEN, *même jeu.* – Ah ! bien, je ne trouve pas !

LE GÉNÉRAL, *s'essuyant le front.* – Ah ! cet Boussin !... vous savez cet Boussin... yo l'ai couru après.

BOIS-D'ENGHIEN, *rageur.* – Eh bien ! ça m'est égal !... Vous ne l'avez pas attrapé, n'est-ce pas ?

LE GÉNÉRAL. – Si !... yo loui ai flanqué ma botte... Seulement, il n'était pas Boussin... Yo no sé comme est fait... quand il s'est retourné, il était oun autre !

BOIS-D'ENGHIEN. – Ah !

LE GÉNÉRAL. – Oh ! mais yo lo rattraperai, cette Boussin !

BOIS-D'ENGHIEN, *cassant.* – Eh bien !... c'est très bien... mais qu'est-ce que vous voulez que j'y fasse ?

LE GÉNÉRAL. – Bueno !... Il n'est pas là la chosse !... yo souis venu que yo vous parle.

BOIS-D'ENGHIEN. – Oui. Eh bien ! plus tard... j'ai autre chose à faire que de causer.

LE GÉNÉRAL. – Porqué ?...

BOIS-D'ENGHIEN. – « Porqué ». Il est étonnant avec ses « porqué » ! Je vous dis que je suis à la porte de chez moi...

LE GÉNÉRAL. – Bueno... c'est oune pâcatile ! l'on peut causère sur la palière.

BOIS-D'ENGHIEN. – Mais, sacristi, voyons… *(Se penchant par-dessus la rampe en apercevant quelqu'un qui monte.)* Oh ! quelqu'un !

Il se précipite dans l'escalier et gagne les dessus.

LE GÉNÉRAL. – Eh bien ! où l'y va ! où l'y va ? *(Montant trois marches et appelant.)* Bodégué ! Bodégué !

BOIS-D'ENGHIEN, *de l'étage supérieur*. – Oui, tout à l'heure ! tout à l'heure !

LE GÉNÉRAL. – Mais il est fol ! *(Un monsieur apparaît sur le palier, salue le général (1) en passant (2) et gagne l'étage supérieur. Le général rend le salut.)* Buenos dias !… quel il fait là-haut ?… Bodégué !… Bueno Bodégué… Bodégué ! *(Appelant avec le cri des ramoneurs.)* Eh ! Boo-dégué !

VOIX DE BOIS-D'ENGHIEN, *dans les dessus, avec le même cri*. – Eh !

LE GÉNÉRAL. – Eh ! bienne, vénez !

BOIS-D'ENGHIEN, *reparaissant*. – Eh bien ! voilà, mon Dieu, voilà !

LE GÉNÉRAL, *redescendant*. – Bueno… qué vous l'avez, qué vous filez comme oun lapen ?

BOIS-D'ENGHIEN (1), *sur le palier*. – Je ne peux pourtant pas me montrer dans cette tenue quand il y a des gens qui montent… *(Secouant sa porte qui résiste.)* Oh ! cette porte ! vous n'auriez pas un passe-partout sur vous, n'importe quoi, un rossignol[1] ?

LE GÉNÉRAL, *qui ne comprend pas*. – Oun oisseau ?

BOIS-D'ENGHIEN, *haussant les épaules*. – Ah ! « oun oisseau » ! *(Revenant à la question.)* Enfin quoi ? Qu'est-ce qu'il y a ?… Qu'est-ce que vous voulez ?

LE GÉNÉRAL (2). – Qué yo l'ai ! yo l'ai qué yo vous l'ai disse hier, yo l'étais vénu qué yo vous tue !

BOIS-D'ENGHIEN, *furieux*. – Encore !… Ah ! zut !

LE GÉNÉRAL, *furieux et avec panache*. – Bodégué ! yo souis à vos ordres !

---

1. *Rossignol* : instrument pour crocheter les portes.

BOIS-D'ENGHIEN. – Oui ? Eh bien ! allez donc me chercher un pantalon.

LE GÉNÉRAL, *bondissant.* – Oun pantalon, moi ! *(Il change de ton.)* Oh ! yo vous prie qué vous né fait pas le squeptique.

BOIS-D'ENGHIEN, *qui ne comprend pas.* – Quoi ?

LE GÉNÉRAL. – Yo dis : qué vous né fait pas le squeptique.

BOIS-D'ENGHIEN, *comprenant.* – Ah ? le sceptique[1]. *(Haussant les épaules.)* « Le squeptique ». Qu'est-ce que ça veut dire le squeptique ? Parlez donc français au moins : *s, c, é,* ça ne fait pas *squé,* ça fait *cé.* On dit : « le sceptique », pas « le squeptique ».

LE GÉNÉRAL, *sur le même ton.* – Bueno, il m'est égal, squeptique, sceptique, c'est le même.

BOIS-D'ENGHIEN, *furieux.* – Oui. Eh bien ! c'est bon !… finissons-en… Vous voulez me tuer ?

LE GÉNÉRAL. – Non !

BOIS-D'ENGHIEN. – Comment, non ?

LE GÉNÉRAL. – Yo l'étais venu pour !… Mais maintenant yo ne vous toue plouss !

BOIS-D'ENGHIEN. – Ah ? Eh bien ! tant mieux !

LE GÉNÉRAL, *avec un soupir de résignation.* – Non, porqué yo viens de voir Loucette Gautier qu'il est en bas !

BOIS-D'ENGHIEN. – Ah ?

LE GÉNÉRAL. – Il m'a dit oun chose… qu'elle m'embête, mais que yo n'ai pas le choix… Il m'a dit : yo no serai la votre que si Bodégué il veut encore être le mienne !

BOIS-D'ENGHIEN, *reculant.* – Hein ?…

LE GÉNÉRAL. – Voilà !… Il m'est dour, allez ! surtout quand yo pense à la sandale d'hier !

BOIS-D'ENGHIEN. – La sandale ? Qu'est-ce que c'est que la « sandale » ?

LE GÉNÉRAL. – Eh ! la sandale qué vous l'avez fait Loucette et vous chez madame Duvercher.

---

1. *Sceptique* : incrédule.

Bois-d'Enghien. – Ah ! « le scandale », vous voulez dire ! Vous dites la « sandale », *s, c, a*, ça fait *sca*, ça ne fait pas *sa* !

Le Général, *le prenant de haut.* – Bodégué ! est c'qué tou té foutes de moi ? Tout à l'heure yo l'ai dit « squeptique », vous disse « sceptique » ! bueno. Maintenant yo dis « sandale », vous dis « scandale »… *(Menaçant.)* Bodégué !

Bois-d'Enghien, *sur le même ton.* – Général ?

Le Général. – Prenez garde !

Bois-d'Enghien. – Et à quoi donc ?

Le Général, *se calmant subitement.* – Bueno ! yo vous disse maintenant vous allez raccommoder avé Loucette.

Bois-d'Enghien. – Moi ? *(Se penchant à l'oreille du général comme pour lui faire une confidence, et très haut.)* Jamais de la vie !

Le Général. – Non ?… Alors yo revoutoue !

Bois-d'Enghien, *descendant à gauche.* – Eh bien ! c'est ça, remetuez-moi ! *(Revenant au général.)* Mais, sacristi ! il faudrait s'entendre, cependant ! Tout à l'heure, c'était parce que j'étais avec Lucette ; maintenant, c'est parce que je ne suis plus avec elle ! Qu'est-ce que vous voulez, à la fin ?

Le Général. – Qué yo veux ?… Tou es bête.

Bois-d'Enghien. – Hein ?

Le Général. – Yo veux que Loucette il soit à moi.

Bois-d'Enghien. – Eh bien ! oui, à toi, mais pas à moi. Eh bien ! il y a un moyen tout trouvé.

Le Général. – Vrai ? Ah ! Bodégué, vous l'est oun ami !

Bois-d'Enghien. – Tu vas aller… ça t'est égal que je te tutoie ?

Le Général. – Yo vous prie !

Bois-d'Enghien. – Vous allez dire à Lucette que vous m'avez vu et que je refuse tout rapprochement.

Le Général. – Porqué ?

Bois-d'Enghien, *haussant les épaules, au public.* – « Porqué. » *(Au général.)* Eh bien ! « Porqué » à cause de son vice de constitution[1].

---

1. *Vice de constitution* : défaut caché.

LE GÉNÉRAL. – Hein ?
BOIS-D'ENGHIEN, *à l'oreille du général*. – Un vice de constitution qui n'est appréciable que dans la plus stricte intimité.
LE GÉNÉRAL, *à pleine voix*. – Il a oun vice dans la constitoution, Loucette ?
BOIS-D'ENGHIEN. – Elle ?… Pas du tout.
LE GÉNÉRAL, *qui ne comprend pas*. – Bueno ?
BOIS-D'ENGHIEN. – Eh bien ! justement ! Elle est femme !… Elle a encore plus d'amour-propre que d'amour… et quand vous lui aurez dit… Je la connais, la vanité… elle est à vous !…
LE GÉNÉRAL, *enchanté*. – Oh ! yo comprends !… Ah ! Bodégué !… Fernand !… Gracias, gracias !… Muchas gracias !
BOIS-D'ENGHIEN. – Allez ! allez ! c'est bon !
LE GÉNÉRAL. – Yo cours !… Adieu ! Fernand ! Adieu ! et una buena santé ! Et pouis, tou sais : yo no to toue plouss !

Il s'en va en courant.

BOIS-D'ENGHIEN. – C'est ça ! c'est ça ! Ni moi non plouss !

Il le regarde partir.

Scène 7

BOIS-D'ENGHIEN, BOUZIN

BOUZIN, *paraissant au fond à gauche*. – Je n'entends plus de bruit… ma foi, je ne vais pas coucher là !
BOIS-D'ENGHIEN. – En voilà un raseur[1] avec son occidomanie[2] !
(Voyant Bouzin qui sort de gauche sur le palier, vivement, en se précipitant.) Ne fermez pas !

---

1. *Raseur* : fâcheux, personne fatigante.
2. *Occidomanie* : néologisme formé à partir du latin *occidere*, qui signifie « tuer ». Il faut comprendre : sa manie de vouloir tuer.

BOUZIN, *qui avait fait déjà le mouvement de fermer la porte, ne peut réprimer ce mouvement à temps, et la porte se referme.* – Oh!
BOIS-D'ENGHIEN, *contre la porte.* – Ah! que le diable vous emporte!... Et je vous crie encore : ne fermez pas!
BOUZIN. – Qu'est-ce que vous voulez?... ça a été plus vite que ma volonté.
BOIS-D'ENGHIEN, *passant au 2.* – C'est agréable, me voilà encore à la porte de chez moi!
BOUZIN, *riant.* – Mais qu'est-ce que vous faites dans cette tenue sur le palier?
BOIS-D'ENGHIEN. – Ce que j'y fais!... Si vous croyez que c'est pour mon plaisir...
BOUZIN. – Ah! ah! c'est amusant!
BOIS-D'ENGHIEN, *furieux.* – Vous trouvez, vous?... Parbleu! Ce n'est pas étonnant, vous êtes habillé, vous. *(Il s'assied sur le siège de droite, sans voir qu'il y a un pistolet dessus. Se relevant aussitôt.)* Oh! *(Voyant le pistolet : à part.)* Oh! quelle idée! *(Il ramasse le pistolet et, le cachant derrière son dos, il va à Bouzin, et, très aimablement.)* Bouzin!
BOUZIN, *souriant.* – Monsieur Bois-d'Enghien?
BOIS-D'ENGHIEN, *même jeu.* – Bouzin, vous allez me rendre un grand service!
BOUZIN, *même jeu.* – Moi, monsieur Bois-d'Enghien?
BOIS-D'ENGHIEN, *même jeu.* – Donnez-moi votre pantalon.
BOUZIN, *riant.* – Hein?... Oh! Vous êtes fou!
BOIS-D'ENGHIEN, *changeant de ton et marchant sur lui.* – Oui, je suis fou! Vous l'avez dit, je suis fou! Donnez-moi votre pantalon!

Il braque son revolver sur Bouzin.

BOUZIN, *terrifié et venant s'acculer à l'extrémité de la cloison de séparation.* – Oh! mon Dieu! monsieur Bois-d'Enghien, je vous en supplie!

BOIS-D'ENGHIEN, *même jeu.* – Donnez-moi votre pantalon !

BOUZIN. – Grâce, monsieur Bois-d'Enghien, grâce !

40 BOIS-D'ENGHIEN. – Allons, vite ! votre pantalon ! ou je fais feu !

BOUZIN. – Oui, monsieur Bois-d'Enghien... *(Terrifié, il défait son pantalon en s'adossant à la cloison.)* Oh ! mon Dieu ! quelle situation ! Moi, en caleçon, dans l'escalier d'une maison étrangère !

45 BOIS-D'ENGHIEN. – Allons ! allons, dépêchons-nous !

BOUZIN. – Voilà, voilà, monsieur Bois-d'Enghien !

Il lui donne son pantalon.

BOIS-D'ENGHIEN, *prenant le pantalon.* – Merci !... Votre veste, à présent !

50 *Il braque à nouveau son pistolet.*

BOUZIN, *navré.* – Hein ?... Mais, monsieur, qu'est-ce qui me restera ?

BOIS-D'ENGHIEN. – Il vous restera votre gilet... Allons, vite, votre veste !

55 BOUZIN, *donnant sa veste.* – Oui, monsieur Bois-d'Enghien, oui !

BOIS-D'ENGHIEN. – Merci !

BOUZIN, *piteux contre la cloison, tenant son chapeau des deux mains contre son ventre pour dissimuler sa honte.* – Oh ! pourquoi ai-je mis les pieds ici ! *(Bois-d'Enghien, pendant ce temps, est allé*
60 *s'asseoir sur la banquette, avec les vêtements, a posé son pistolet à sa droite et enfile le pantalon de Bouzin. Une fois les deux jambes passées, il se lève et va à droite achever de se boutonner, en tournant le dos aux spectateurs. Bouzin, apercevant le pistolet déposé par Bois-d'Enghien sur la banquette, sa figure s'éclaire et mettant son cha-*
65 *peau.)* Oh ! le revolver ! *(Il va jusqu'à lui à pas de loup et s'en empare. Cela fait, après avoir assuré son chapeau d'une petite tape de la main, il s'avance, l'air vainqueur, le chapeau sur l'oreille et, avec un geste plein de promesses, indiquant Bois-d'Enghien.)* À

nous deux, maintenant, mon gaillard ! *(À Bois-d'Enghien, en dissimulant son revolver, et, avec un ton gracieux, comme l'autre avait fait précédemment.)* Monsieur Bois-d'Enghien ?
BOIS-D'ENGHIEN, *achevant de mettre le pantalon.* – Mon ami ?
BOUZIN. – Mon pantalon.
BOIS-D'ENGHIEN. – Hein ?

Il rit.

BOUZIN, *braquant son revolver, et terrible.* – Vous allez me rendre mon pantalon, ou je vous tue !
BOIS-D'ENGHIEN, *continuant de se vêtir.* – Oui, mon vieux, oui.
BOUZIN. – Oh ! vous savez, je ne ris pas. Mon pantalon ou je tire ! je tire !
BOIS-D'ENGHIEN, *passant la veste.* – Parfaitement, allez, allez !
BOUZIN, *appuyant vainement sur la gâchette du pistolet.* – Hein ?
BOIS-D'ENGHIEN. – Seulement, c'est pas comme ça, tenez, c'est comme ça !... *(Du bout des doigts et aux yeux ébahis de Bouzin, il tire l'éventail du canon du revolver que Bouzin tient toujours par la crosse.)* Vous ne savez pas vous y prendre, mon ami !
BOUZIN. – Je suis joué !

Il pose l'éventail tout ouvert sur la banquette.

BOIS-D'ENGHIEN, *riant.* – Ah ! ce pauvre Bouzin !

Il reprend l'éventail, le rentre dans le pistolet et le fourre dans sa poche.

LE CONCIERGE, *dans l'escalier.* – Venez, messieurs, venez !
BOUZIN, *se penchant au-dessus de la rampe.* – Allons, bon !... Voilà du monde !

Il gravit quatre à quatre les marches qui montent aux étages supérieurs.

BOIS-D'ENGHIEN. – C'est égal ! ça fait du bien de se sentir habillé, même dans les vêtements d'autrui !

Scène 8

BOIS-D'ENGHIEN, LE CONCIERGE ET DEUX AGENTS,
puis VIVIANE, MISS BETTING, *puis* DES DOMESTIQUES
et LA BARONNE

LE CONCIERGE, *montant, suivi des agents.* – Venez, messieurs, venez !

Il les fait passer devant lui.

BOIS-D'ENGHIEN (1). – Le concierge avec des agents !... Qu'est-ce que vous cherchez ?
LE CONCIERGE. – Un homme qui est en caleçon dans l'escalier !...
BOIS-D'ENGHIEN. – Un homme en caleçon... *(À part.)* Oh ! ce pauvre Bouzin ! *(Haut.)* Mais je n'ai pas vu !... Messieurs, je n'ai pas vu...
LE CONCIERGE, *sur la première marche de l'escalier.* – Si ! si !... C'est la noce Brugnot qui a porté plainte, c'est pour ça que j'ai dû aller chercher des agents. *(Montant à la suite des agents.)* Venez, messieurs, il doit être en haut... il ne pourra toujours aller plus loin que le cintième !... Il n'y a que cinq t'étages dans la maison.

Ils disparaissent dans les dessus.

BOIS-D'ENGHIEN, *qui les a accompagnés jusqu'à la hauteur de cinq marches.* – Ah ! le pauvre Bouzin !... Il n'a vraiment pas de chance.
VIVIANE, *paraissant la première sur le palier, à Miss Betting qui la suit.* – That way[1], Miss !

Elle tient un rouleau[2] de musique à la main.

---

1. *That way* : par ici.
2. *Un rouleau* : une partition.

MISS BETTING. – All right[1] !
BOIS-D'ENGHIEN (1), *descendant en deux enjambées.* – Viviane ! vous ici !
VIVIANE (2). – Oui, moi !… Moi qui viens vous dire : je vous aime !
BOIS-D'ENGHIEN. – Est-il possible !… quoi !… malgré ce qui s'est passé ?
VIVIANE. – Qu'importe ce qui s'est passé. Je n'ai vu qu'une chose : c'est que vous étiez bien tel que j'avais rêvé mon mari !
BOIS-D'ENGHIEN. – Oui ? *(Au public.)* Ce que c'est que de se montrer en gilet de flanelle !
MISS BETTING, *les interrompant.* – I beg your pardon. But who is it[2] ?
VIVIANE, *à Miss.* – Yes, yes… *(Présentant.)* Mon institutrice : Miss Betting ! Mister Capoul !
BOIS-D'ENGHIEN, *ahuri.* – Hein ?
MISS BETTING, *saluant de la tête Bois-d'Enghien et minaudant.* – Oh ! yes ! I know Mister Capoul[3]… Paol and Vergéné[4] !…

> *Tout ce qui suit doit être joué par Viviane, sans un geste, face au public, pour donner le change à l'institutrice.*

BOIS-D'ENGHIEN, *toujours ahuri, à Viviane.* – Qu'est-ce que vous dites… « Monsieur Capoul » ?
VIVIANE, *à mi-voix, mais avec énergie.* – Mais oui ! vous pensez bien que si j'avais dit à Miss Betting que je voulais aller chez vous, elle ne m'y aurait pas conduite ; alors, j'ai dit que nous allions chez mon professeur de chant.
BOIS-D'ENGHIEN. – Non ?… Mais elle va bien voir…

---

1. *All right !* : Très bien !
2. *I beg your pardon. But who is it ?* : Je vous demande pardon. Mais qui est-ce ?
3. *I know Mister Capoul* : je connais monsieur Capoul.
4. *Paul et Virginie* est un opéra de Michel Carré et Jules Barbier, sur une musique de Victor Massé, créé au Théâtre lyrique en 1876. Victor Capoul en fut le ténor, dans le rôle de Paul.

VIVIANE. – Mais non. Elle ne comprend pas le français !
BOIS-D'ENGHIEN, *au public.* – Ah ! ces petites filles !...
VIVIANE, *romanesque.* – Ah ! dites ? Vous avez donc eu beaucoup de femmes qui vous ont aimé ?
BOIS-D'ENGHIEN, *protestant.* – Mais...
VIVIANE. – Oh ! dites-moi que si... je ne vous en aimerai que mieux.
BOIS-D'ENGHIEN. – Ah ?... Oh ! alors !... des masses !
VIVIANE, *avec joie.* – Oui ?... Et il y en a peut-être qui ont voulu se tuer pour vous.
BOIS-D'ENGHIEN, *avec aplomb.* – Quinze !... Tenez, pas plus tard que tout à l'heure, voilà un pistolet que j'ai arraché à l'une d'elles.
VIVIANE, *avec transport.* – Un pistolet ?... Et je n'aimerais pas un homme tant aimé !... Ah !...
BOIS-D'ENGHIEN, *voulant la prendre dans ses bras.* – Ah ! Viviane !
VIVIANE, *vivement.* – Chut !... pas de gestes !... pas de gestes !
BOIS-D'ENGHIEN. – Hein ?

> *Viviane, pour se donner une contenance, rit à Miss Betting, qui rit aussi sans comprendre. Bois-d'Enghien en fait autant.*

MISS BETTING, *s'interrompant de rire.* – But why do we stay on the stairs[1] ?
VIVIANE, *riant.* – Ah ! c'est vrai, au fait !
BOIS-D'ENGHIEN, *riant aussi.* – Qu'est-ce qu'elle dit ?
VIVIANE. – Elle demande ce que nous faisons dans l'escalier... Entrons chez vous !
BOIS-D'ENGHIEN. – Oh ! impossible, ma porte est fermée. On est allé me chercher ma clé !
VIVIANE. – Cependant... pour ma leçon de chant...

---

1. ***But why do we stay on the stairs ?*** : Mais pourquoi restons-nous dans l'escalier ?

BOIS-D'ENGHIEN, *avec aplomb.* – Eh bien ! dites-lui que c'est l'usage... que les grands artistes donnent toujours leurs leçons de chant dans les escaliers... il y a plus d'espace.

VIVIANE, *riant.* – Bon ! *(À Miss.)* Mister Capoul always gives his singing lessons on the stairs[1].

MISS BETTING, *étonnée.* – No ?

VIVIANE, *avec aplomb.* – Si.

MISS BETTING, *avec conviction.* – Oh ! it is curious !

VIVIANE. – Sit down[2], Miss ! *(Elle s'assied sur le tabouret de droite.)* Là. *(Puis, bien large.)* Et maintenant, maman peut arriver !

BOIS-D'ENGHIEN. – Votre maman ; mais qu'est-ce qu'elle dira ?...

VIVIANE. – Oh ! tu ! tu ! tu ! tu ! il ne s'agit plus de parler maintenant.

BOIS-D'ENGHIEN. – Hein ?

VIVIANE, *développant sa musique.* – Nous sommes à ma leçon de chant ! Si vous avez quelque chose à me dire, dites-le-moi en chantant.

BOIS-D'ENGHIEN. – Comment... vous voulez ?...

VIVIANE. – Mais dame, sans ça, ça va éveiller les soupçons de Miss ! *(Lui donnant une partie et en prenant une autre.)* Tenez, prenez ça ! *(Après avoir donné son rouleau de musique à Miss Betting, revenant à Bois-d'Enghien.)* Et maintenant vous disiez... ?

BOIS-D'ENGHIEN. – Eh bien ! je disais : « Mais votre maman, qu'est-ce qu'elle dira ? »

VIVIANE, *vivement et bas.* – En chantant !... en chantant !...

BOIS-D'ENGHIEN. – Oui ! hum !

Chantant sur l'air de « Magali », de Mireille[3].

---

1. *Mister Capoul always gives his singing lessons on the stairs* : Monsieur Capoul donne toujours ses leçons de chant dans les escaliers.
2. *Sit down* : Asseyez-vous.
3. Opéra comique de Michel Carré, d'après un poème de Mistral, sur une musique de Gounod, créé au Théâtre lyrique en 1864. Le chant « Magali » est un des airs les plus célèbres de cet opéra.

Mais vot' maman, qu'est-ce qu'elle dira ?
Quand ell' saura, ell' voudra pas.

VIVIANE, *même jeu.*

Maman, j'y ai laissé un mot
110   Où j'lui dis : « Si tu veux me voir,
Tu m'trouv'ras chez M'sieur Bois-d'Enghien… ghien ! »

BOIS-D'ENGHIEN, *même jeu.*

Ah ! ah ! ah ! ah !
Ell' qui m'a flanqué à la porte
115   Hier au soir !

MISS BETTING, *parlé*. – Oh ! very nice[1] ! very nice.
BOIS-D'ENGHIEN ET VIVIANE. – N'est-ce pas ?
MISS BETTING. – Oh ! Yes… *(Voulant montrer qu'elle connaît le morceau.)* Mirelle !
120 BOIS-D'ENGHIEN. – Parfaitement, « Mirelle ». *(À Viviane, parlé.)* Oui, mais tout ça, c'est très gentil…
VIVIANE. – En chantant… en chantant !…

BOIS-D'ENGHIEN, *continuant l'air de* Mireille
à *« Non, non, je me fais hirondelle ».*

125   Oui, mais tout ça, c'est très gentil, ti, ti, ti !
Si vot' maman dans sa colère
M'envoi' prom'ner après tout ça ?

VIVIANE, *chantant.*

Allons donc ! Est-ce que c'est possible ?
130   Maman criera,
Mais comm' je me suis compromise
Ell' cédera.

*Pendant ce qui précède, les domestiques de la maison,
arrivant au bruit des chants, apparaissent successive-
135   ment, les uns d'en haut, les autres d'en bas.*

---

1. *Very nice* : très bien.

BOIS-D'ENGHIEN, *joyeux, parlé.* – Oui ? *(Chantant avec transport.)*

> Gais et contents[1]
> Nous marchons triomphants,
> Et nous allons gaîment
> 140 Le cœur à l'ai-ai-se.

TOUS LES DOMESTIQUES, *en chœur.*

> Gais et contents
> Car nous allons fêter,
> Voir et complimenter
> 145 L'armée françai-ai-se !

Tous les domestiques applaudissent en riant : ahurissement de Viviane, Miss Betting et Bois-d'Enghien.

TOUS. – Oh !
MISS BETTING. – What is that[2] !
150 BOIS-D'ENGHIEN. – Qu'est-ce qui vous demande quelque chose à vous ? Voulez-vous vous en aller !
LES DOMESTIQUES. – Oh !
BOIS-D'ENGHIEN. – Voulez-vous vous en aller !

Sortie des domestiques.

155 LA BARONNE, *surgissant.* – Viviane ! toi, ici... Malheureuse enfant !...
VIVIANE. – Maman !
BOIS-D'ENGHIEN, *repoussant la baronne sans la reconnaître.* – Voulez-vous vous en aller ?... *(La reconnaissant.)* La baronne !
160 MISS BETTING, *passant devant Viviane.* – Oh ! good morning, médème.
LA BARONNE (2). – Vous !... Vous n'avez pas honte, Miss, de vous faire le chaperon[3] de ma fille ici !

---

1. Paroles de la chanson «En revenant de la revue» (1886), attribuée à Paulus.
2. *What is that !* : Qu'est-ce que c'est ?
3. *Chaperon* : personne qui accompagne une jeune fille par souci des convenances.

Miss Betting (3). – What does that mean[1] ?

La Baronne. – Ah ! laissez-moi tranquille ! Avec son anglais, il n'y a pas moyen de l'attraper !…

Bois-d'Enghien (1). – Madame, j'ai l'honneur de vous redemander la main de votre fille.

La Baronne. – Jamais, Monsieur ! *(À Viviane.)* Malheureuse, qui est-ce qui t'épousera après ce scandale ?

Viviane, *passant au 3.* – Mais lui, maman ! je l'aime et je veux l'épouser !

La Baronne, *Viviane dans ses bras, comme pour la garantir de Bois-d'Enghien.* – Lui !… Le je ne sais pas quoi de mademoiselle Gautier !

Bois-d'Enghien. – Mais je ne suis plus le… « Je ne sais pas quoi de mademoiselle Gautier » !

La Baronne. – Vraiment, monsieur ! après ce qui s'est passé hier au soir !

Bois-d'Enghien, *avec aplomb.* – Eh bien, justement, ce que vous avez pris pour tout autre chose, c'était une scène de rupture.

La Baronne, *railleuse.* – Allons donc ! dans cette tenue ?

Bois-d'Enghien, *même jeu.* – Parfaitement : j'étais en train de dire à mademoiselle Gautier : « Je veux qu'il ne me reste rien qui puisse vous rappeler à moi, rien !… pas même ces vêtements que vous avez touchés ! »

La Baronne. – Hein ?

Bois-d'Enghien. – Et joignant l'acte à la parole, je les enlevais à mesure… Deux minutes plus tard et je retirais mon gilet de flanelle.

La Baronne, *choquée.* – Oh !

Viviane. – Tu vois, maman, que tu peux bien me le donner pour mon mari !

La Baronne, *avec résignation.* – Qu'est-ce que tu veux, mon enfant ! si tu crois que ton bonheur est là !

---

1. *What does that mean ?* : Qu'est-ce que cela veut dire ?

VIVIANE. – Ah ! maman !

BOIS-D'ENGHIEN. – Ah ! madame !

VIVIANE, *à Miss Betting*. – Ah ! Miss, je l'épouse ! I will marry him[1] !

200 MISS BETTING, *étonnée*. – Mister Capoul ?... Aoh !

Scène 9

LES MÊMES, JEAN, *puis* BOUZIN, LE CONCIERGE,
LES DEUX AGENTS *et* LES DOMESTIQUES

JEAN, *paraissant par la porte du fond du cabinet de toilette*. – Tiens, où est donc monsieur ?

Il ouvre la porte du palier.

BOIS-D'ENGHIEN. – Enfin, c'est vous ! *(Sur le pas de la porte.)* Tenez,
5   entrez, belle-maman ; entrez, Viviane ; entrez, Miss.

À ce moment on entend un brouhaha venant des étages supérieurs.

TOUS. – Qu'est-ce que c'est que ça ?

LE CONCIERGE, *paraissant le premier*. – Enfin, nous le tenons ! Nous
10   avons dû faire une chasse à l'homme sur les toits.

Bouzin paraît tout déconfit[2], traîné par les agents et suivi des domestiques qui le huent[3].

BOIS-D'ENGHIEN. – Bouzin !

---

1. *I will marry him !* : Je vais l'épouser !
2. *Déconfit* : penaud, dépité.
3. *Le huent* : crient de manière hostile contre lui.

LA BARONNE. – Le clerc en caleçon !
VIVIANE. – Quelle horreur !
MISS BETTING. – Shocking !

> *Elles se précipitent, scandalisées, dans le cabinet de toilette.*

LES AGENTS. – Allons, venez !
BOUZIN, *se faisant traîner*. – Mais non ! mais non ! Ah ! Monsieur Bois-d'Enghien, je vous en prie !
BOIS-D'ENGHIEN, *sur le pas de sa porte*. – Qu'est-ce que c'est… ? Voulez-vous vous cacher !

> *Il entre dans le cabinet dont il ferme la porte sur Bouzin.*

BOUZIN. – Oh !
LES AGENTS. – Allons ! Allons ! au poste ! au poste !
BOIS-D'ENGHIEN, *dans le même cabinet de toilette*. – C'est un peu pendable ce que je fais là ! Mais bast ! je connais le commissaire, j'en serai quitte pour aller le réclamer.
LES AGENTS. – Au poste ! au poste !
BOUZIN. – J'en appelle à la postérité !
TOUS. – Au poste !

> *Les agents entraînent Bouzin, qui résiste, au milieu des huées des domestiques.*

RIDEAU

Avis de l'auteur

Pour obtenir l'effet de la porte qui se ferme au moment voulu au troisième acte, voici comment on s'y prend. La porte est garnie extérieurement, sur le palier, de deux ressorts en caoutchouc, grâce auxquels elle retombe toujours dès qu'elle n'est pas maintenue. Aussi pour éviter, pendant les premières scènes de l'acte où le domestique a à sortir en laissant la porte contre, mais non close, que celle-ci, dans la chaleur du jeu de l'acteur, ne vienne à retomber trop fort et par conséquent à se refermer sur elle-même, ce qui serait un obstacle pour la suite, a-t-on soin de paralyser momentanément le fonctionnement de la serrure, en tenant le bouton de tirage, qui fait jouer le pêne[1], tendu au moyen d'un crochet placé horizontalement à la serrure. Lorsque l'on n'a plus besoin que la porte soit ouverte, c'est-à-dire au moment où Bois-d'Enghien, chassant définitivement Lucette, lui dit : « Oh ! oui, pour toujours ! Oh ! oui, pour toujours ! », l'artiste chargé du rôle, sans en avoir l'air, défait le crochet, et le bouton retrouve alors toute son action.

Il ne s'agit plus maintenant que de maintenir la porte ouverte quand Bois-d'Enghien sort sur le palier pour arracher le pistolet des mains de Lucette, en même temps que de la faire se fermer, quand il en sera besoin, sous l'influence du courant d'air causé par la fenêtre qui s'ouvre brusquement. Pour cela, deux fils de

---

1. Pêne : pièce mobile d'une serrure, qui s'engage dans la gâche et tient fermé l'élément auquel la serrure est adaptée.

rappel, aboutissant au même point derrière le décor (coin droit du fond du cabinet de toilette) de façon à pouvoir être conduits à la coulisse par une même personne. Le premier partant du centre intérieur de la porte (de sorte qu'il n'a qu'à être maintenu tendu à la sortie de Bois-d'Enghien sur le palier pour empêcher le battant de retomber). Le second partant de la fenêtre, côté extérieur, et fixé à un ressort qui empêche la fenêtre de s'ouvrir. Le reste n'est plus qu'une réplique à prendre. Quand Bois-d'Enghien, alors à l'extrémité droite du palier, a posé son pistolet sur le tabouret et au moment même où il dit en se retournant pour entrer chez lui : « Enfin, j'aurai la paix maintenant », la personne qui conduit les fils, simultanément tire sur le fil de la fenêtre (ce qui fait déclencher le ressort, et la fenêtre munie intérieurement de ressorts en caoutchouc, et dont l'espagnolette est pendante – s'ouvre brusquement) et lâche le fil de la porte (et le battant se referme naturellement, juste à temps pour retomber sur le nez de Bois-d'Enghien).

Autre conseil pour le premier acte – Comme souvent la carte mise par Bouzin dans le bouquet est difficile à trouver, il vaut mieux en placer une d'avance sur le piano, que l'artiste chargé du rôle de Chenneviette aura l'air de tirer du bouquet au moment voulu. De même pour l'écrin contenant la bague ; au lieu de le mettre dans le bouquet, qu'il soit sur la cheminée, d'où Lucette le rapportera, comme si elle venait de le trouver dans les fleurs.

DOSSIER

- **La pièce et son contexte : questionnaire**
- **Microlectures**
- **Questions de synthèse**
- **La leçon de chant, groupement de textes n° 1**
- **La satire au théâtre à la fin du XIXe siècle, groupement de textes n° 2**
- **Travaux d'écriture**
- **Du texte à sa représentation**
- **Lecture de l'image**

La pièce et son contexte : questionnaire

1. Citez cinq éléments déterminants dans la vie de Georges Feydeau.
2. Quelle est la situation du théâtre dans la seconde moitié du XIXe siècle ?
3. Qu'est-ce que le vaudeville ? Expliquez quelques étapes clés de son évolution.
4. En quoi Feydeau renouvelle-t-il le genre du vaudeville ?
5. Pour résumer *Un fil à la patte*, établissez son schéma actanciel, en plaçant Bois-d'Enghien comme sujet, puis énumérez quatre rebondissements de l'action.
6. Comment ces rebondissements sont-ils préparés dans les scènes précédentes ? Sont-ils vraisemblables ?
7. Commentez le choix du titre, *Un fil à la patte*. Quel horizon d'attente crée-t-il ?
8. Pouvez-vous citer quatre enjeux de la pièce en argumentant votre réponse ?
9. Observez les clichés de mise en scène réunis dans le cahier photos de l'édition et relisez quelques didascalies de la pièce. En vous appuyant sur ces éléments, quelles problématiques pouvez-vous formuler quant à la mise en scène ou à l'adaptation cinématographique de l'œuvre ?
10. Vous avez lu ou assisté à la pièce. Quelles remarques pouvez-vous faire sur votre expérience de lecteur ou de spectateur de Georges Feydeau ?

Microlectures

Microlecture n° 1 : une ouverture en fanfare

Relisez les scènes 1 et 2 de l'acte I (p. 44-48), puis répondez aux questions suivantes.

Un vaudeville

1. Quelles informations ces scènes délivrent-elles sur l'action ? Confrontez ces informations au titre de la pièce et tirez-en des conclusions. À quoi peut-on s'attendre dans la suite de l'œuvre ?
2. Quels éléments rendent l'ouverture comique ? Variez les exemples tirés du texte en illustrant les différents types de comique : de gestes, de mots et de situation.

Des codes renouvelés

1. Qu'apprend-on sur les personnages ? Comment sont-ils individualisés et caractérisés ?
2. Commentez la description du décor et du mobilier dans les didascalies. En quoi est-elle originale et signifiante ?

Une nouvelle forme d'exposition

1. Sous quelle forme l'auteur délivre-t-il au spectateur les renseignements dont ce dernier a besoin, et dans quel but ?
2. Les principales informations sont-elles données ou montrées ? En quoi peut-on parler d'ouverture animée ?

Microlecture n° 2 : l'art du rebondissement

Relisez la scène 14 de l'acte II, de « Eh bien ! venez donc Bois-d'Enghien » jusqu'à la fin de la scène (p. 150-154), puis répondez aux questions suivantes.

Des ressorts dramatiques

1. Qu'attend-on au début de cette scène ? Comment l'étau autour de Bois-d'Enghien se resserre-t-il ?
2. Quelles sont les deux péripéties présentes dans ce passage ? Quel est leur effet sur le spectateur et sur le rythme de la scène ?

La maîtrise dramaturgique

1. Quels procédés traditionnels de la farce retrouve-t-on ici ? Comment sont-ils modernisés ?
2. Observez la longueur et l'enchaînement des répliques, ainsi que leurs effets de symétrie. Quel est le but recherché ?

La dynamique scénique

1. À quoi doit-on l'impression de mouvement et de vitesse qui se dégage de ce passage ? Analysez en particulier les déplacements des personnages.
2. Comment Feydeau exploite-t-il les jeux de scène et les possibilités du décor pour complexifier ce mouvement ? En quoi son texte se rapproche-t-il de l'écriture cinématographique à la fin de l'acte ?

Microlecture n° 3 : un dénouement choral

Relisez les scènes 8 et 9 de l'acte III, de « En chantant... en chantant ! » jusqu'à la fin de la pièce (p. 199-204), puis répondez aux questions suivantes.

Un dénouement de vaudeville

1. En quoi peut-on parler de rebondissement dans ce dénouement ? Quel effet produit-il et par quoi était-il préparé ?
2. Pourquoi les personnages chantent-ils ? À quels genres dramatiques cette présence du chant vous fait-elle penser ? Quel est l'effet produit ?

Deux personnages emblématiques

1. Commentez la situation finale de Bouzin. Quels sont les registres convoqués ? Comment pouvez-vous interpréter sa dernière réplique ?
2. Quelles justifications Bois-d'Enghien donne-t-il à sa future belle-mère ? Quelle est son attitude face à l'arrestation de Bouzin ? Que pouvez-vous en conclure sur le personnage ?

Une drôle de fin

1. Quels procédés comiques rendent ce dénouement particulièrement plaisant ?
2. En quoi peut-on parler d'emballement général ? Vous analyserez en particulier la dynamique des échanges, la dimension sonore de la pièce et la présence des personnages.

Questions de synthèse

La mécanique du rire

1. Analysez trois passages qui, grâce au mouvement et à la gestuelle qu'ils mettent en œuvre, vous font rire.
2. Quelles sont les situations cocasses dans la pièce ? Pourquoi font-elles sourire ?
3. Quels traits de caractère des personnages sont comiques ?
4. Selon vous, quelles allusions faisaient rire les spectateurs du XIXe siècle et sont devenues peu parlantes pour le public contemporain ?
5. En quoi peut-on dire que le comique de la pièce repose sur l'art du contraste (entre les répliques et les pensées d'un personnage, entre les répliques et la situation...) ?
6. Dans l'emploi de la langue elle-même, qu'est-ce qui vous fait rire ?

7. Analysez quelques traits d'esprit comiques en nommant les figures de style employées et en les commentant.

La critique humaine et sociale

1. Comment Feydeau fait-il la satire de la société bourgeoise, frivole et légère, de la fin du XIXe siècle ? Interrogez-vous en particulier sur le rôle des décors, des objets et des costumes lors de la représentation.
2. En quoi l'auteur critique-t-il le mariage bourgeois et, plus largement, la conception de l'amour à cette époque ? Que dénonce-t-il concernant le statut de la femme ?
3. En mettant en scène les défauts humains, que pointe Feydeau ?
4. À travers le personnage de Bouzin, quel travers Feydeau dénonce-t-il ? En quoi cela peut-il nous toucher ?
5. En quoi le langage employé et les situations représentées donnent-elles une vision absurde de l'existence humaine ?

La leçon de chant, groupement de textes n° 1

Le détournement de la leçon de chant à des fins amoureuses, que l'on trouve à la scène 8 de l'acte III dans *Un fil à la patte*, est une situation classique de la comédie. Très en vogue dans les milieux aisés, la leçon de chant avait dans le genre théâtral une fonction à la fois dramatique et dramaturgique. Dramatique, car elle permettait aux amoureux de contourner l'interdit de se voir et de se parler. Dramaturgique, car elle permettait de varier le rythme de la pièce en introduisant une pause chantée, agréable et divertissante, très appréciée du public. La leçon de chant est un *topos* (lieu commun) théâtral proche du quiproquo car elle crée une complicité entre les personnages, les lecteurs et les spectateurs. Elle constitue l'un des ressorts du comique et de la tension dramatique.

Molière, *Le Malade imaginaire* (1673)

La dernière comédie-ballet de Molière est donnée au théâtre du Palais-Royal, peu après la brouille de l'auteur avec Lully (le musicien italien avait obtenu du roi l'exclusivité des spectacles musicaux destinés à la cour ; la pièce de Molière ne pouvait donc être créée dans l'un des palais du roi, le Louvre ou Versailles).

Argan est un « malade imaginaire » qui vit entouré de potions et d'apothicaires, et rêve d'avoir un gendre médecin. Il a décidé de marier Angélique, pourtant éprise de Cléante, à Thomas Diafoirus, fils de son médecin. Le lendemain de cette annonce, l'amoureux menacé, averti par la servante Toinette, s'introduit dans la maison d'Argan déguisé en maître de chant. Le vieux barbon demande à Cléante de faire chanter Angélique. Cléante explique à la jeune femme le sujet de la scène : un berger, Tircis, exprime son amour à sa maîtresse, la belle bergère Philis.

Acte II, scène 5

[...]

CLÉANTE *(Il chante.)*

Belle Philis, c'est trop, c'est trop souffrir ;
Rompons ce dur silence, et m'ouvrez vos pensées.
    Apprenez-moi ma destinée :
    Faut-il vivre ? Faut-il mourir ?

ANGÉLIQUE *répond en chantant* :

Vous me voyez, Tircis, triste et mélancolique,

Aux apprêts de l'hymen[1] dont vous vous alarmez :
Je lève au ciel les yeux, je vous regarde, je soupire.
    C'est vous en dire assez.

ARGAN. – Ouais ! je ne croyais pas que ma fille fût si habile que de chanter ainsi à livre ouvert, sans hésiter.

CLÉANTE

Hélas ! belle Philis,
Se pourrait-il que l'amoureux Tircis
    Eût assez de bonheur,
Pour avoir quelque place dans votre cœur ?

ANGÉLIQUE

Je ne m'en défends point dans cette peine extrême :
    Oui, Tircis, je vous aime.

CLÉANTE

Ô parole pleine d'appas[2] !
Ai-je bien entendu, hélas !
Redites-la, Philis, que je n'en doute pas.

ANGÉLIQUE

Oui, Tircis, je vous aime.

CLÉANTE

De grâce, encor[3], Philis.

ANGÉLIQUE

Je vous aime.

CLÉANTE

Recommencez cent fois, ne vous en lassez pas.

---

1. Hymen : mariage.
2. Appas : charme.
3. Élision du « e » pour des raisons prosodiques.

Angélique

Je vous aime, je vous aime,
Oui, Tircis, je vous aime.

Cléante

Dieux, rois, qui sous vos pieds regardez tout le monde,
Pouvez-vous comparer votre bonheur au mien ?
Mais, Philis, une pensée
Vient troubler ce doux transport :
Un rival, un rival...

Angélique

Ah ! je le hais plus que la mort ;
Et sa présence, ainsi qu'à vous,
M'est un cruel supplice.

Cléante

Mais un père à ses vœux vous veut assujettir.

Angélique

Plutôt, plutôt mourir
Que de jamais y consentir ;
Plutôt, plutôt mourir, plutôt mourir.

ARGAN. – Et que dit le père à tout cela ?
CLÉANTE. – Il ne dit rien.
ARGAN. – Voilà un sot père que ce père-là, de souffrir[1] toutes ces sottises-là sans rien dire.

Cléante

Ah ! mon amour...

ARGAN. – Non, non, en voilà assez. Cette comédie-là est de fort mauvais exemple. Le berger Tircis est un impertinent, et la bergère

---

1. Souffrir : supporter.

Philis une impudente, de parler de la sorte devant son père. Montrez-moi ce papier. Ha, ha. Où sont donc les paroles que vous avez dites ? Il n'y a là que de la musique écrite.

CLÉANTE. – Est-ce que vous ne savez pas, Monsieur, qu'on a trouvé depuis peu l'invention d'écrire les paroles avec les notes mêmes ?

ARGAN. – Fort bien. Je suis votre serviteur [1], Monsieur ; jusqu'au revoir. Nous nous serions bien passés de votre impertinent d'opéra.

CLÉANTE. – J'ai cru vous divertir.

ARGAN. – Les sottises ne divertissent point. Ah ! voici ma femme.

Molière, Le Malade imaginaire, Flammarion, coll. « Étonnants Classiques », 2012, p. 100-103.

1. Qu'est-ce que Cléante et Angélique parviennent à se dire en chantant ?

2. Selon vous, pourquoi Argan interrompt-il le chant et se met-il en colère ?

Beaumarchais, *Le Barbier de Séville* (1775)

Comédie en quatre actes, *Le Barbier de Séville ou la Précaution inutile* (1775) est le premier volet d'une trilogie théâtrale intitulée *Le Roman de la famille Almaviva*. Établi comme barbier à Séville, Figaro retrouve son ancien maître, le comte Almaviva, et l'aide à conquérir la jeune Rosine pourtant promise à son vieux tuteur, Bartholo. Dans la scène qui suit, le comte est introduit auprès de son aimée. Déguisé en bachelier, il se fait passer pour le seigneur Alonzo, élève et ami de don Bazile, le maître à chanter de Rosine. En présence de Bartholo, celle-ci commence à chanter un air de *La Précaution inutile*.

---

1. *Je suis votre serviteur* : je vous remercie (formule de politesse) ; l'emploi est ici ironique puisque Argan congédie Cléante.

Acte III, scène 4
LE COMTE, ROSINE, BARTHOLO

[...]

ROSINE *chante :*

Quand, dans la plaine
L'amour ramène
Le printemps
Si Chéri des amants
Tout reprend l'être,
Son feu pénètre
Dans les fleurs,
Et dans les jeunes cœurs.
On voit les troupeaux
Sortir des hameaux ;
Dans tous les coteaux
Les cris des agneaux
Retentissent ;
Ils bondissent ;
Tout fermente ;
Tout augmente,
Les brebis paissent
Les fleurs qui naissent ;
Les chiens fidèles
Veillent sur elles ;
Mais Lindor, enflammé
Ne songe guère
Qu'au bonheur d'être aimé
De sa bergère.

(Même air)

Loin de sa mère
Cette bergère
Va chantant
Où son amant l'attend ;

Par cette ruse,
L'amour l'abuse[1] *;*
Mais chanter
Sauve-t-il du danger ?
Les doux chalumeaux[2]*,*
Les chants des oiseaux,
Ses charmes naissants,
Ses quinze ou seize ans,
Tout l'excite,
Tout l'agite ;
La pauvrette
S'inquiète ;
De sa retraite,
Lindor la guette ;
Elle s'avance ;
Lindor s'élance ;
Il vient de l'embrasser :
Elle, bien aise,
Feint de se courroucer[3]
Pour qu'on l'apaise. (bis)

(Petite reprise)

Les soupirs,
Les soins, les promesses,
Les vives tendresses,
Les plaisirs,
Le fin badinage[4]*,*
Sont mis en usage ;
Et bientôt la bergère
Ne sent plus de colère.

---

1. *L'abuse* : le trompe.
2. *Chalumeaux* : flûtes champêtres, roseaux percés de trous.
3. *Se courroucer* : se mettre en colère.
4. *Le fin badinage* : les plaisanteries légères et enjouées, les enfantillages.

Si quelque jaloux
Trouble un bien si doux,
Nos amants d'accord
Ont un soin extrême...
De voiler leur transport ;
Mais quand on s'aime,
La gêne ajoute encor
Au plaisir même. (bis)

En l'écoutant, Bartholo s'est assoupi. Le Comte, pendant la petite reprise, se hasarde à prendre une main qu'il couvre de baisers. L'émotion ralentit le chant de Rosine, l'affaiblit, et finit même par lui couper la voix au milieu de la cadence, au mot « extrême ». L'orchestre suit le mouvement de la chanteuse, affaiblit son jeu et se tait avec elle. L'absence du bruit qui avait endormi Bartholo le réveille. Le Comte se relève, Rosine et l'orchestre reprennent subitement la suite de l'air. Si la petite reprise se répète, le même jeu recommence, etc.

LE COMTE. – En vérité, c'est un morceau charmant ; et Madame l'exécute avec une intelligence...

ROSINE. – Vous me flattez, seigneur ; la gloire est tout entière au maître.

BARTHOLO, *bâillant*. – Moi, je crois que j'ai un peu dormi pendant le morceau charmant. […]

> Beaumarchais, *Le Barbier de Séville*,
> GF-Flammarion, 2011, p. 118-121.

1. Quel est l'intérêt de cette chanson pour les personnages ? Justifiez votre réponse.
2. Étudiez le registre de la chanson. Qu'apporte-t-elle à la pièce ?

La satire au théâtre à la fin du XIXᵉ siècle, groupement de textes n° 2

Très fécond et spirituel, le théâtre de la fin du XIXᵉ siècle passe aujourd'hui pour démodé. Plus critique qu'il y paraît, il dissimule sous le rire l'attaque qu'il porte à la société de son temps, celle-là même qui afflue pourtant dans les salles et lui assure son succès. Achats de conscience, mariages d'intérêt, dénis de justice, ambitions démesurées, abus coloniaux, manigances politiques et électorales et, plus que tout, omnipotence de l'argent et croyance aveugle dans la science : telles sont les caractéristiques de la société esquissée dans ces pièces.

Georges Courteline, *Boubouroche* (1893)

Maître incontesté du théâtre de boulevard, Georges Courteline (1858-1929) a surtout écrit des pièces en un acte, avec des dialogues inégalables, dans lesquels il caricature l'armée, l'administration ou la justice. Dans *Boubouroche*, présenté pour la première fois au Théâtre-Libre d'Antoine en 1893, il met en scène un bourgeois vulgaire et pitoyable qui implore le pardon de la maîtresse qui l'a trompé.

Dans la scène qui suit, quelqu'un vient de dire à Boubouroche que sa maîtresse a un amant.

Acte II, scène 2
ADÈLE, BOUBOUROCHE, ANDRÉ

(*caché*)
Boubouroche entre comme un fou, descend en scène, se rend à la porte de droite, qu'il ouvre, plonge anxieusement ses regards dans l'obscurité de la

pièce à laquelle elle donne accès ; va, de là, à la fenêtre de gauche, dont il écarte violemment les rideaux.

ADÈLE, *qui l'a suivi des yeux avec une stupéfaction croissante.* – Regarde-moi donc un peu.

Boubouroche, les poings fermés, marche sur elle.

ADÈLE, *qui, elle, vient sur lui avec une grande tranquillité.* – En voilà une figure !… Que se passe-t-il ? Qu'est-ce qu'il y a ?
BOUBOUROCHE. – Il y a que tu me trompes.
ADÈLE. – Je te trompe !… Comment, je te trompe ?… Qu'est-ce que tu veux dire, par là ?
BOUBOUROCHE. – Je veux dire que tu te moques de moi ; que tu es la dernière des coquines et qu'il y a quelqu'un ici.
ADÈLE. – Quelqu'un !
BOUBOUROCHE. – Oui, quelqu'un !
ADÈLE. – Qui ?
BOUBOUROCHE. – Quelqu'un !

Un temps.

ADÈLE, *éclatant de rire.* – Voilà du nouveau.
BOUBOUROCHE, *la main haute.* – Ah ! ne ris pas… Et ne nie pas ! Tu y perdrais ton temps et ta peine : je sais tout !… C'est cela, hausse les épaules ; efforce-toi de me faire croire qu'on a mystifié ma bonne foi. *(Geste large.)* – Le ciel m'est témoin que j'ai commencé par le croire et que je suis resté dix minutes les pieds sur le bord du trottoir, les yeux rivés à cette croisée, m'accusant d'être fou, me reprochant d'être ingrat !… J'allais m'en retourner, je te le jure, quand, tout à coup, deux ombres – la tienne et une autre !… ont passé en se poursuivant sur la tache éclairée de la fenêtre. À cette heure, tu n'as plus qu'à me livrer ton complice ; nous avons à causer tous deux de choses qui ne te regardent pas. Va donc me chercher cet homme, Adèle. C'est à cette condition seulement que je te pardonnerai peut-être, car *(très ému)* ma tendresse pour toi, sans bornes, me rendrait capable de tout, même de perdre un jour le souvenir de l'inexprimable douleur sous laquelle sombre toute ma vie.

ADÈLE. – Tu es bête !

BOUBOUROCHE. – Je l'ai été. Oui, j'ai été huit ans ta dupe ; inexplicablement aveugle en présence de telles évidences qu'elles auraient dû me crever les yeux !... N'importe, ces temps sont finis ; la canaille peut triompher, une minute vient toujours où le bon Dieu, qui est un brave homme, se met avec les honnêtes gens.

ADÈLE. – Assez !

BOUBOUROCHE, *abasourdi*. – Tu m'imposes le silence, je crois ?

ADÈLE. – Tu peux même en être certain !... *(Hors d'elle.)* En voilà un énergumène, qui entre ici comme un boulet, pousse les portes, tire les rideaux, emplit la maison de ses cris, me traite comme la dernière des filles, va jusqu'à lever la main sur moi !...

BOUBOUROCHE. – Adèle...

ADÈLE. – ... tout cela parce que, soi-disant, il aurait vu passer deux ombres sur la transparence d'un rideau ! D'abord tu es ivre.

BOUBOUROCHE. – Ce n'est pas vrai.

ADÈLE. – Alors tu mens.

BOUBOUROCHE. – Je ne mens pas.

ADÈLE. – Donc tu es gris ; c'est bien ce que je disais !... *(Effarement ahuri de Boubouroche.)* De deux choses l'une : tu as vu double ou tu me cherches querelle.

BOUBOUROCHE, *troublé et qui commence à perdre sa belle assurance*. – Enfin, ma chère amie, voilà ! Moi..., on m'a raconté des choses.

ADÈLE, *ironique*. – Et tu les as tenues pour paroles d'évangile ? Et l'idée ne t'est pas venue un seul instant d'en appeler à la vraisemblance ? aux huit années de liaison que nous avons derrière nous ? *(Silence embarrassé de Boubouroche.)* C'est délicieux ! En sorte que je suis à la merci du premier chien coiffé venu... Un monsieur passera, qui dira : « Votre femme vous est infidèle », moi je paierai les pots cassés ; je tiendrai la queue de la poêle ?

[...]

Georges Courteline, *Boubouroche*, in *Théâtre pour rire : de Labiche à Jarry*, éd. Henry Gidel, dir. Claude Aziza, Omnibus, 2007.

1. En quoi les caractères de ces personnages sont-ils intéressants ? Montrez que Boubouroche est à la fois furieux et lâche ; et Adèle adroite et dissimulatrice.
2. Quel est l'intérêt dramatique du texte ? Vous analyserez l'échange entre les deux personnages et l'enchaînement de leurs répliques.

Alfred Jarry, *Ubu roi* (1896)

Alfred Jarry (1873-1907) a créé la surprise en faisant éditer à quinze ans *Ubu roi*, une farce bouffonne, un canular de potache et, surtout, la satire d'une société imbue d'elle-même. La geste d'Ubu raconte les aventures d'un capitaine des dragons assassinant le roi pour accéder au pouvoir, avant d'être chassé par l'héritier du trône. La première scène donne le ton de la pièce et présente le héros ainsi que la mère Ubu, version grotesque de Lady Macbeth, le personnage de Shakespeare.

Acte I, scène 1
PÈRE UBU, MÈRE UBU

PÈRE UBU. – Merdre !
MÈRE UBU. – Oh ! voilà du joli, Père Ubu, vous estes un fort grand voyou.
PÈRE UBU. – Que ne vous assom'je, Mère Ubu !
MÈRE UBU. – Ce n'est pas moi, Père Ubu, c'est un autre qu'il faudrait assassiner.
PÈRE UBU. – De par ma chandelle verte, je ne comprends pas.
MÈRE UBU. – Comment, Père Ubu, vous estes content de votre sort ?
PÈRE UBU. – De par ma chandelle verte, merdre, madame, certes oui, je suis content. On le serait à moins : capitaine de dragons, officier de confiance du roi Venceslas, décoré de l'ordre de l'Aigle Rouge de Pologne et ancien roi d'Aragon, que voulez-vous de mieux ?

MÈRE UBU. – Comment ! Après avoir été roi d'Aragon vous vous contentez de mener aux revues une cinquantaine d'estafiers[1] armés de coupe-choux[2], quand vous pourriez faire succéder sur votre fiole la couronne de Pologne à celle d'Aragon ?

PÈRE UBU. – Ah ! Mère Ubu, je ne comprends rien de ce que tu dis.

MÈRE UBU. – Tu es si bête !

PÈRE UBU. – De par ma chandelle verte, le roi Venceslas est encore bien vivant ; et même en admettant qu'il meure, n'a-t-il pas des légions d'enfants ?

MÈRE UBU. – Qui t'empêche de massacrer toute la famille et de te mettre à leur place ?

PÈRE UBU. – Ah ! Mère Ubu, vous me faites injure et vous allez passer tout à l'heure par la casserole.

MÈRE UBU. – Eh ! pauvre malheureux, si je passais par la casserole, qui te raccommoderait tes fonds de culotte ?

PÈRE UBU. – Eh vraiment ! et puis après ? N'ai-je pas un cul comme les autres ?

MÈRE UBU. – À ta place, ce cul, je voudrais l'installer sur un trône. Tu pourrais augmenter indéfiniment tes richesses, manger fort souvent de l'andouille et rouler carrosse par les rues.

PÈRE UBU. – Si j'étais roi, je me ferais construire une grande capeline comme celle que j'avais en Aragon et que ces gredins d'Espagnols m'ont impudemment volée.

MÈRE UBU. – Tu pourrais aussi te procurer un parapluie et un grand caban qui te tomberait sur les talons.

PÈRE UBU. – Ah ! je cède à la tentation. Bougre de merdre, merdre de bougre, si jamais je le rencontre au coin d'un bois, il passera un mauvais quart d'heure.

MÈRE UBU. – Ah ! bien, Père Ubu, te voilà devenu un véritable homme.

PÈRE UBU. – Oh non ! moi, capitaine de dragons, massacrer le roi de Pologne ! plutôt mourir !

---

1. Les *estafiers* sont des domestiques armés.
2. *Coupe-choux* : court sabre autrefois utilisé dans l'infanterie.

Mère Ubu, *à part*. – Oh ! merdre ! *(Haut.)* Ainsi, tu vas rester gueux comme un rat, Père Ubu ?

Père Ubu. – Ventrebleu, de par ma chandelle verte, j'aime mieux être gueux comme un maigre et brave rat que riche comme un méchant et gras chat.

Mère Ubu. – Et la capeline ? et le parapluie ? et le grand caban ?

Père Ubu. – Eh bien, après, Mère Ubu ? *(Il s'en va en claquant la porte.)*

Mère Ubu, *seule*. – Vrout, merdre, il a été dur à la détente, mais vrout, merdre, je crois pourtant l'avoir ébranlé. Grâce à Dieu et à moi-même, peut-être dans huit jours serai-je reine de Pologne.

Alfred Jarry, Ubu roi, Flammarion,
coll. « Étonnants Classiques », 2009, p. 27-30.

1. En quoi peut-on dire que le héros est à la fois poltron et inepte ?
2. Analysez l'originalité de cette scène de présentation : conventions détournées, caractère mécanique des personnages, incongruité du langage…

François de Curel, *La Nouvelle Idole* (1899)

François de Curel (1854-1928) est l'un des représentants de ce que l'on appelle le « théâtre d'idées », qui campe des situations exceptionnelles afin d'en tirer des drames psychologiques servant de support au développement d'idées. Sa pièce *La Nouvelle Idole* pointe du doigt les limites morales du progrès scientifique. Elle met en scène Antoinette, une jeune femme de dix-huit ans, élevée dans un orphelinat et se destinant à devenir religieuse, et le docteur Albert Donnat. Afin de poursuivre des recherches médicales, ce dernier inocule le cancer à Antoinette, qu'il croit condamnée par la tuberculose. Dans la scène qui suit, la jeune fille, guérie de la tuberculose, apaise les remords du médecin qui s'est lui-même inoculé le mal afin de se punir de son geste.

Acte III, scène 5
ALBERT, ANTOINETTE

[…]

ANTOINETTE. – Un jour… j'étais si faible… comme morte… Vous avez dit aux internes : « Pauvre petite Antoinette ! avant la fin de la semaine, elle aura vu les splendeurs de son Paradis. » Après la visite, vous êtes revenu seul, et vous m'avez fait une piqûre là où j'ai mal maintenant…

ALBERT. – Alors, vous…

ANTOINETTE. – J'avais ma connaissance[1] mais je ne bougeais pas… J'ai eu l'idée, tout de suite, que vous tentiez quelque chose de hardi… À présent que la mère supérieure a prononcé le mot, je me rends bien compte de ce que vous avez essayé… Nous avions une sœur qui est morte de cela vers Noël… Il fallait, pendant les derniers jours, beaucoup prendre sur soi pour l'approcher…
(Un silence.)

ALBERT. – Comment appelle-t-on les gens qui font ce que j'ai fait ?

ANTOINETTE. – Comment ?

ALBERT. – Assassins, n'est-ce pas ?

ANTOINETTE. – Je savais bien que vous aviez du chagrin ! Il ne faut pas !… Vous m'auriez proposé ce qui est arrivé, j'aurais consenti tout de suite… Me croyez-vous donc trop sotte pour comprendre que mon mal peut amener à guérir une foule de gens ? Je voulais être sœur de charité et consacrer ma vie aux malades… Eh bien, je livre ma vie en gros, au lieu de la donner en détail…

ALBERT. – Il n'y a pas que les sœurs de charité qui savent mourir proprement !

ANTOINETTE. – Les savants aussi !… *(Elle se jette aux genoux d'Albert.)* Quand j'ai appris que l'on vous accusait, je me suis dit aussitôt : « Si on l'empêche de continuer ses expériences, il les achèvera sur lui-même !… » Ne faites pas cela, monsieur le docteur !… Vous m'avez pour vos observations…

---

1. *J'avais ma connaissance* : j'étais consciente.

ALBERT. – Tu t'es dit cela, toi ?… Tu n'as pas pensé : « Il se tuera pour se punir » ?

ANTOINETTE, *avec effroi*. – Oh !… se suicider !… Enlever du monde quelqu'un comme vous, à cause d'une pauvre fille qui sait à peine lire !

ALBERT. – J'en ai eu envie, pourtant !… Si tu me vois encore vivant, c'est que je me suis accordé quelques jours de répit pour connaître la fin de mes travaux. En somme une curiosité comme celle-là est pardonnable !

ANTOINETTE. – Ah ! Monsieur, je crois bien, puisqu'elle sauve des gens !… Vous parlez comme un criminel : c'est seulement si vous n'achevez pas vos travaux que vous le serez !… Vous êtes fait pour étudier… Vous n'avez malheureusement pas de religion, c'est ce qui vous oblige à tant réfléchir pour être bon… Moi, si je n'étais pas pieuse, qu'est-ce que je vaudrais ?… Vous avez l'air étonné que je sois prête à mourir… Je le suis parce que Jésus-Christ a été crucifié pour le genre humain et que je regarde comme un honneur d'être traitée un peu comme lui…

ALBERT. – Ah ! quel bien tu me fais !… Avec toi, je n'ai pas à renier mon idole !… Tu ne me la montres pas ridicule et pédante !… Antoinette, tu ne seras ni timide ni gauche, si je t'annonce la résolution que j'ai prise… Nous pourrons en parler à l'aise, puisque tu viens de l'indiquer de toi-même… Ce matin, je me suis inoculé le mal dont tu mourras… Désormais, je vais vivre double… vivre triple !… Jusqu'à ma convulsion suprême, j'épierai nos deux agonies… Tes yeux brillent !… Ah ! tu es bien de ma race, toi !… D'où vient ce quelque chose qui élève le plus humble au niveau du plus savant ?

ANTOINETTE. – Du bon Dieu, Monsieur !

François de Curel, *La Nouvelle Idole*, *Théâtre complet*,
Éditions Georges Crès et compagnie, 1920-1924, t. III.

1. Comment la naïveté et l'inconscience de la jeune fille sont-elles illustrées ? Que souhaite critiquer ici l'auteur ?
2. Comment l'égocentrisme du docteur transparaît-il ? En quoi les comparaisons avec la jeune fille, loin de l'élever, le rabaissent-elles ?

Travaux d'écriture

Sujet 1

Corpus

Document A : Molière, *Le Malade imaginaire* (1673), acte II, scène 5 (p. 214-217).
Document B : Beaumarchais, *Le Barbier de Séville* (1775), acte III, scène 4 (p. 218-220).
Document C : Feydeau, *Un fil à la patte* (1894), acte III, scène 8, de « *Viviane, paraissant la première sur le palier...* » à « *Sortie des domestiques* » (p. 196-201).
Document D : la leçon de chant (page 3 de couverture).

Question

Où réside l'unité de ce corpus ?

Commentaire

Vous ferez le commentaire du texte de Feydeau.

Dissertation

Dans quelle mesure la mise en scène d'un texte théâtral contribue-t-elle à en révéler ou à en atténuer le comique ?

Écriture d'invention

Une troupe de comédiens amateurs répète la scène 8 de l'acte III d'*Un fil à la patte* (document C). Ses membres entrent en conflit à propos de la mise en scène qu'ils ont confiée à l'un d'eux. Imaginez cette répétition sous la forme d'un dialogue théâtral.

Sujet 2

Corpus

Document A : Georges Courteline, *Boubouroche* (1893), acte II, scène 2 (p. 222-224).
Document B : Georges Feydeau, *Un fil à la patte* (1894), acte I, scène 7 (p. 57-61).
Document C : costume de Miss Betting pour *Un fil à la patte*, mise en scène de Jérôme Deschamps, 2010 (p. 113).
Document D : Alfred Jarry, *Ubu roi* (1896), acte I, scène 1 (p. 224-226).

Question

En quoi ces documents traduisent-ils la dimension satirique que peut prendre le théâtre ?

Commentaire

Vous ferez le commentaire du texte de Feydeau.

Dissertation

D'après Molière, le but principal de la comédie est de « corriger les mœurs par le rire ». Qu'en pensez-vous ?

Écriture d'invention

On a souvent reproché au genre du vaudeville sa légèreté. Imaginez la préface d'un vaudeville, rédigée par son auteur, qui défendrait le point de vue inverse.

Du texte à sa représentation

Écrire

La création dramatique chez Feydeau, qu'il écrive seul ou avec Maurice Desvallières, est le fruit d'un travail acharné : « En arrangeant les folies qui déchaîneront l'hilarité du public, confie-t-il, je garde le sang froid et le sérieux du chimiste qui dose un médicament[1]. » Entre nonchalance et rigorisme, spontanéité et minutie, l'auteur avoue ne jamais faire de plan et laisser son imagination et son ingéniosité modeler ses caractères : « Mes pièces sont entièrement improvisées. L'ensemble et le détail, le plan et la forme, tout s'y met en place à mesure, et pour aucune d'entre elles, je n'ai fait de canevas[2]. » Le dramaturge reste cependant influencé par certaines règles de création : « Je pars toujours de la vraisemblance. Un fait – à trouver – vient bouleverser l'ordre de la marche des événements naturels tels qu'ils auraient dû se dérouler normalement. J'amplifie l'incident[3]. » Ancien acteur lui-même, Feydeau est l'un des seuls auteurs à mettre lui-même en scène ses pièces, que ce soient des créations ou des reprises. Chaque texte contient en effet de très nombreuses indications de scénographie : emplacements numérotés pour organiser les déplacements, description des gestes, des mimiques et des sentiments éprouvés, détails de mise en scène, etc.

Lire

Bernard Murat, réalisateur, scénariste, metteur en scène et acteur français, a préfacé l'œuvre de Feydeau aux éditions Omnibus (1989).

---

1. Cité par Adolphe Brisson, « Une leçon de vaudeville », *Portraits intimes*, Armand Colin, Livre V, 1901, p. 16.
2. *Ibid.*, p. 14.
3. Cité par Michel Georges-Michel, « L'Époque Feydeau », *Candide*, 4 janvier 1939.

Il explique le détour nécessaire par l'imaginaire pour lire cet auteur, et expose les principes de la nouvelle dramaturgie qu'il a inventée :

> La lecture des pièces de Feydeau est un exercice particulier, qui réserve bien des surprises : il procure un plaisir immense, réjouissant, bien sûr, mais se révèle aussi formateur pour la connaissance de l'art du théâtre. [...]
>
> En fait, Feydeau invente la technique de l'écriture cinématographique, en organisant ce que l'on va bientôt appeler la « colonne de gauche », dans laquelle le scénariste décrit l'action et l'image – le texte qui apparaît ici en italique –, face à la « colonne de droite », qui est celle des dialogues. L'invention et le développement de cette « colonne de gauche » génèrent chez Feydeau une minutie folle dans les détails ; les indications de mise en scène se multiplient, contraignantes, et ne sont pas sans influence sur les dialogues et les formes qu'ils vont prendre de pièce en pièce. En effet, Feydeau est l'ennemi du superflu et de tout ornement littéraire qui ne soit pas en liaison directe avec la situation et avec l'action qui en découle. Les répliques sont courtes, directes, froides, méchantes, cinglantes... Elles servent le mouvement. Et le rire naît aussi de cette forme extrêmement serrée, extrêmement directe, qui, d'emblée reliée à la description de l'action, nous donne une vision claire et complète de ce qui arrive aux personnages. Feydeau n'a pas inventé la pellicule pour graver les images, ni la bande magnétique pour graver les sons, ni les mouvements d'une caméra à laquelle il ne songe pas, mais il défriche, il invente une écriture théâtrale qui contient déjà les secrets, les méthodes de l'écriture cinématographique. [...]
>
> C'est pourquoi nous devons monter Feydeau sérieusement, très sérieusement... Ce n'est jamais (ou rarement) le personnage qui est drôle, mais les situations dans lesquelles le plonge l'auteur. C'est pourquoi les acteurs doivent jouer ce théâtre sans complaisance, mais aussi sans aucune distance, avec un engagement total ; si total qu'il peut aller jusqu'à nier, pour lui, l'existence même de la représentation théâtrale... [...] Feydeau est sans doute le théâtre le plus

difficile à jouer pour des acteurs. Car les situations s'emballent et, pour s'en sortir, le personnage devra marcher sur ce qu'il a de plus sacré, mentir ouvertement, nier l'évidence... en entendant les salles crouler de rire ! Pas facile ! Il faut beaucoup d'humilité et une absolue sincérité. [...]

Bizarrement, quand on connaît l'histoire du peuple français, le rire au théâtre est toujours considéré comme inférieur. Faire rire les honnêtes gens n'a jamais été une tâche noble. Les professionnels du théâtre (Dieu, quelle horrible expression), les critiques, etc., dans leur grande majorité n'ont toujours d'yeux que pour le drame et la tragédie... La notion même de divertissement est toujours décriée... et cela est, semble-t-il, une vieille maladie de notre vieux pays... Molière avant Feydeau s'en plaignait déjà. Le public, lui, de son côté, rend justice au clown.

Tant mieux. Quand vous aurez lu les pièces de Georges Feydeau, que vous les aurez « visionnées » grâce à ses indications de mise en scène, vous n'aurez que plus de plaisir à aller les voir... vous aurez l'œil du « spécialiste » et vous pourrez juger d'une bonne interprétation. Vous comprendrez aussi comme il est difficile pour un metteur en scène de se sentir libre face à ce théâtre, quand ses propres inventions semblent limitées d'avance par celles de l'auteur. Pourtant il n'en est rien. L'invention se situe à mon avis ailleurs, dans la direction du jeu des acteurs, car, pour bien monter Feydeau, il faut trouver cette ligne de crête entre un théâtre de carton et un théâtre pesant, prétentieux et démonstratif.

Bernard Murat, préface à *Feydeau. Théâtre*, © Omnibus, un département de Place des éditeurs, 2011.

Représenter

Jérôme Deschamps est auteur, acteur et metteur en scène. Pensionnaire de la Comédie-Française, il a également fondé la troupe de la famille Deschiens, avec laquelle il a créé une série de spectacles dont il est l'auteur et le metteur en scène. Parallèlement à ses propres pièces, il a mis en scène les œuvres de Molière et de Labiche, ainsi que des opéras. Depuis 2007, il dirige également l'Opéra-Comique.

Une troupe complice avec le public

Un de mes premiers vrais contacts avec le théâtre s'est fait à la Comédie-Française et j'ai le souvenir du charme de la Maison, de celui de la salle… et de celui du jeu ! Et du bonheur dans la salle. J'entends encore ses rires comme si j'y étais. C'est extrêmement troublant, voire impressionnant, d'entendre pour la première fois une salle rire de cette façon. C'est à la suite de cela que j'ai accompagné du regard la troupe comique du Français et ces acteurs, qui avaient une relation si particulière – presque familiale avec le public. Je me souviens par exemple très bien de la mise en scène du *Fil à la patte* par Jacques Charon. Elle était géniale. On aurait dit que Charon battait la mesure ; il semblait avoir une conscience particulière de la musicalité dans laquelle il entraînait toute la troupe. C'est là une chose assez rare, qu'on ne trouvait pratiquement qu'au Français ; ce juste rythme, ce juste équilibre pour transmettre le bonheur et le rire, ce sens de la rupture et de la démesure aussi. J'ai gardé tout cela en mémoire, et pour que je puisse envisager de venir monter Feydeau à la Comédie-Française, il fallait, pour moi, que soient réunies certaines conditions dans la troupe : en premier, la complicité… ou du moins de bonnes prédispositions à la complicité !

Il me fallait la juste distribution ; la juste palette, les justes couleurs et les justes contrastes.

Il se trouve que là, je suis convaincu d'avoir pu les réunir.

Trouver la bonne humeur

Les pièces de Feydeau, un peu comme chez Laurel et Hardy, sont souvent une suite de déconvenues ou de malheurs – qui naturellement provoque le rire. Mais il y a chez lui un art de la construction poussé à la perfection... Souvent, au théâtre, les scènes de transition sont celles où l'auteur – même s'il est grand – « rame » un peu, où l'écriture peut être laborieuse. Eh bien, chez Feydeau, il n'y en a pas, rien n'est écrit pour armer le tir de la scène suivante. La mécanique, l'horlogerie, sont parfaitement réglées. Le génie de Feydeau réside dans l'art des contrastes, dans la mise en situation des obsessions de chacun, et dans l'entremêlement des situations. L'idée, par exemple, de mettre Marceline en scène avec cette obsession du déjeuner. Et cela depuis la première phrase du spectacle... Elle a faim. Il y a donc là quelqu'un qui a faim tout le temps. Qui attend ses œufs. Qui attend et ne fait qu'attendre. Quel incroyable ressort. Ce procédé est repris avec Fontanet, qui, lui, sent mauvais. Avec Bouzin, qui ne fait que des choses méprisables (jusqu'à ce qu'on croie qu'il a de l'argent !), avec le général, qu'on traite de tous les noms (mais qu'on admire aussi parce qu'il a de l'argent).

L'autre ressort, bien sûr, est un emploi étourdissant des mots d'esprit : le fait, par exemple, de commenter la chanson de Bouzin de cette manière : « On dirait la chanson d'un homme d'esprit qui l'aurait fait écrire par un autre ». Et d'enchaîner avec Fontanet qui dit avoir essayé d'en écrire mais qu'il n'arrivait pas à trouver la fin. Quand on lui demande : « Comment fîtes-vous ? » il répond : « Comme je pus ! » Si ce texte est parsemé d'explosifs destinés à faire rire, pour qu'il fonctionne, il faut qu'on soit dans un rythme, dans la musicalité et dans l'harmonie de tout cela. Il y a de la pensée, mais il faut que celle-ci s'enchaîne, que le cerveau du spectateur fonctionne à une certaine cadence, faute de quoi il n'est pas crédible que les personnages disent toutes ces énormités, ces mots d'esprit qui parfois leur échappent, ces phrases-réflexes qui déchaînent le rire. Les personnages de Feydeau ne sont pas grandioses, ni par leurs sentiments, ni par leurs valeurs. Ils n'ont pas de hauteur de vue. Ils sont pris dans la machine, ils sont à l'intérieur de la mécanique. C'est cela qui est drôle et c'est cela, à mon avis, qu'il faut jouer. Je suis de ceux qui pensent qu'une grande part du travail du metteur en scène consiste à mettre les comédiens en situation de désir ; désir de jouer, bonheur d'être sur scène. Ces éléments comptent pour moi autant que toutes les trouvailles qui peuvent être les nôtres. Il faut trouver la bonne humeur… la belle humeur !

> Note d'intention de Jérôme Deschamps, octobre 2010.
> Propos recueillis par Laurent Muhleisen, conseiller littéraire
> de la Comédie-Française.

Jouer

Pour *Les Nouveaux Cahiers de la Comédie-Française*, Florence Thomas réunit quelques propos d'Alain Françon, de Jérôme Deschamps et de Jean-François Sivadier, trois metteurs en scène de Feydeau, sur la manière d'interpréter les personnages.

Pour tous, jouer Feydeau exige une solide technique répondant à la cadence imposée aux corps et aux dialogues, que ce soit en étant « à l'écoute de la musicalité » (Jérôme Deschamps), en étant « mobile, capable de passer d'une chose à l'autre et de respecter une musicalité parfois claironnante de cavalerie » (Alain Françon), ou en « enchaînant le texte, sans forcément le déclamer rapidement, mais en faisant fuser la réplique et en prenant le temps voulu à l'intérieur de celle-ci » (Jean-François Sivadier). Pour ce dernier, la beauté des dialogues réside en effet dans la prise de parole précoce, insuffisamment mûrie, sorte de « pensée avortée ».

Dans la lignée des directives de Feydeau à ses comédiens, tous s'accordent sur la nécessité de jouer la crédulité, car, « même dans les pires situations, le personnage croit à tout » (Alain Françon). Il peut même jouer « avec tragique », tant il est pathétique (Jérôme Deschamps). Cette crédulité, qui est un des ressorts du comique, fait la force de la représentation, satisfait le plaisir du jeu et permet, selon Jean-François Sivadier, de conserver la poésie de la pièce : « Pour que ce soit poétique, il faut que les comédiens puissent travailler l'idée du clown, voire se sentir bêtes et montrer la poésie de cette bêtise et du ravissement sans cabotiner, même avec virtuosité, car à part s'asseoir sur un canapé et se relever, ils peuvent vite tourner en rond. »

Florence Thomas, « Mettre en scène, jouer Feydeau »,
© *Les Nouveaux Cahiers de la Comédie-Française*,
novembre 2010, p. 99-100.

Adapter

L'adaptation cinématographique ou télévisuelle d'une pièce de théâtre n'est pas un film du spectacle. Ce n'est pas une simple transposition d'un art dans un autre. C'est une véritable recréation artistique qui oblige, d'une part, à établir les spécificités de chacune des formes d'expression, d'autre part, à s'intéresser aux enjeux d'une œuvre et à la manière dont on peut les exprimer. Comme le metteur en scène, le réalisateur choisit de rester plus ou moins fidèle au texte, en le faisant jouer tel quel, en l'émondant, en y ajoutant des éléments ou en le récrivant. Il dispose en outre de libertés que le metteur en scène n'a pas : le jeu sur le rythme, sur le temps, sur le cadre intérieur et extérieur, sur le champ et le hors-champ, sur la diversité des plans, sur le flou et le net – le jeu sur l'*image*, en somme, qui est l'art du cinéma. C'est ce que nous rappelle Michel Deville, qui a adapté *Un fil à la patte* pour le cinéma (2005).

J'avais deux possibilités pour donner au film ce sentiment de souplesse et de rapidité : soit je multipliais les plans et je travaillais alors le rythme au montage, soit je privilégiais des plans plutôt longs pour que le mouvement s'inscrive à l'intérieur des plans. C'est cette seconde option que j'ai choisie et que j'ai même accentuée au tournage. Cela permet aux interprètes de jouer sur la longueur des plans qui sont presque des plans-séquences. Mais c'est techniquement complexe pour le cadre, la lumière, le son, et aussi pour le jeu. Il y avait une émulation sur le plateau, «mais si, on peut le faire!», c'était très amusant. Les personnages sont toujours pressés, surpris, poursuivis – il faut le traduire visuellement. C'est la caméra qui vit, dessine une chorégraphie autour des comédiens, eux-mêmes très mobiles, suit le phrasé du dialogue, et donne son rythme au film. Les mouvements des uns et des autres sont fonctionnels, au service de l'action et des rebondissements. Ils sont en même temps fluides et caressants, parce que le film parle de séduction, de désir, de frôlement...

> Entretien avec Michel Deville, propos recueillis
> par Franck Garbaz pour le dossier de presse du film,
> © Éléfilm/ Michel Deville.

Juger

À propos de la première représentation

Dans la biographie qu'il consacre à Feydeau, Henry Gidel rapporte les commentaires d'un chroniqueur du *Gaulois*, journal contemporain de la création d'*Un fil à la patte*, au sujet de la première représentation de la pièce :

> «Jamais auteur n'a contraint des hommes qui ne sont pas des clowns à une pareille gymnastique. Les célèbres Hanlon-Lee eux-mêmes [troupes d'acrobates de l'époque] auraient été essoufflés. Un de mes amis a calculé que, pendant ces trois actes, les artistes des deux sexes réunis n'avaient pas fourni moins de quatre-vingt-quatre kilomètres.»

> Cité par Henry Gidel dans *Feydeau*, *op. cit.*, 2001, p. 135.

À propos de la représentation de Jacques Charon

Et voici ce qu'on peut lire, sous la plume de Marcelle Capron, au sujet de l'interprétation de Bouzin par Robert Hirsch dans la mise en scène de Jacques Charon :

> Ce qu'il y fait, son comportement de raté et ses mines, l'interrogation muette de ses sourcils, ses effarements et ses tremblements, et ses ineffables naïvetés, et ses inénarrables fuites, tout cela fait du clerc de notaire chansonnier Bouzin le personnage de la pièce, un type d'humanité qui rejoint le personnage de Charlot.
>
> Marcelle Capron citée par Jacques Lorcey
dans Georges Feydeau, La Table Ronde, 1972, p. 126.

Micheline Boudet, qui incarnait Lucette dans cette mise en scène, se souvient quant à elle :

> Chaque soir, plusieurs fauteuils sont cassés par certains spectateurs sautant de joie sur leurs sièges. Ce qui vaut un soir, à la sortie du spectacle, d'un couple habitué aux classiques du Français ce mot inattendu de la dame à son époux : « On a bien du mal à garder son sérieux… »
>
> Micheline Boudet, Passion Théâtre, Robert Laffont, 2009.

À propos de la représentation de Deschamps

La même réussite couronne l'entreprise de mise en scène de Deschamps, dont cet article d'Yves Stalloni vante les mérites :

> Et voilà ! On s'est encore laissé prendre. Le miracle Feydeau a une nouvelle fois opéré. Même si l'on connaît les ficelles, si l'on s'attend aux effets, si l'on voit venir le bon mot, la péripétie ou la catastrophe, on marche, comme un enfant naïf à Guignol (en supposant que les jeux vidéo n'aient pas définitivement altéré la naïveté

des enfants d'aujourd'hui). On a beau connaître les répliques par cœur, se souvenir de mises en scène historiques (celle de Jacques Charon par exemple, avec une Micheline Boudet aussi minaudante que rusée, un Robert Hirsch étourdissant, un Jean Piat irrésistible et encore Denise Gence, Descrières, Roussillon, Cochet…), on a beau trouver les calembours fatigués ou peu raffinés, le coup du personnage malodorant, on peut toujours juger l'intrigue mince et convenue, les situations invraisemblables, la morale douteuse, rien n'y fait : on se surprend à rire, à applaudir, à souhaiter que le spectacle dure, continue, recommence, bref à s'amuser, tout autant que semblent le faire les acteurs emportés par le rythme et l'allégresse de la farce.

Si vous êtes prêts à succomber au violent poison de la comédie à la Feydeau (pas d'adjectif pour ce maître du vaudeville, son patronyme mérite d'être adjectivé : une soirée Feydeau, c'est-à-dire heureuse), courez vite à la salle Richelieu de la Comédie-Française assister à ce petit chef-d'œuvre de drôlerie, *Un fil à la patte*. Sous la direction inspirée de Jérôme Deschamps, une joyeuse compagnie de galopins en costumes 1900 vous fera passer une soirée délirante grâce à laquelle seront oubliés les incertitudes économiques, les froidures de l'hiver, la litanie des catastrophes, et les petits ou grands soucis personnels. Pas indispensable de s'y rendre le 31 décembre, soir où les places seront difficiles à obtenir. Avec Feydeau, c'est réveillon toute l'année.

Faut-il, à nouveau, raconter le sujet de la pièce ? Il est éventé depuis longtemps. Feydeau, qui aime choisir ses titres parmi les locutions usuelles (*Le Dindon*, *La Puce à l'oreille*…), veut illustrer ici le thème du vieux collage, de la rupture impossible, de la difficile tentative pour recouvrer sa liberté en échappant aux griffes d'une amante possessive. Ce pourrait être tragique, comme dans *Adolphe* de Benjamin Constant, ou *Une vieille maîtresse* de Barbey d'Aurevilly. C'est tout simplement hilarant.

Car Bois-d'Enghien, le bellâtre (magistralement interprété par Hervé Pierre), soucieux surtout de sa promotion sociale, sera victime de son inconséquence et rattrapé par ses mensonges. Car Lucette, la cocotte plus aimante que légère, surmontera son authentique chagrin par de petites vengeances qui lui ramèneront sans doute son infidèle amant. Car Bouzin, l'obscur bureaucrate (joué par un Christian Hecq qui parvient presque à faire oublier Hirsch), pourrait être malfaisant s'il n'était pas grotesque. Car le général d'opérette (magnifique composition de Thierry Hancisse), impressionne plus par ses largesses que par ses menaces, que Fontanet, précédé de sa pestilence, perd tout crédit, que Marceline, la rosière affamée, nous ferait prendre en haine la vertu, que Miss Betting, la gouvernante anglaise, est une caricature (accentuée par la distribution masculine : un Guillaume Gallienne très en verve), que la Baronne est trop baronne et Viviane, la promise, pas assez fille de baronne.

Tout semble exagéré, décalé ou détraqué dans ces personnages, comme dans l'histoire qui enchaîne inexorablement les quiproquos, les rencontres imprévues, les coups de théâtre (la fameuse « mécanique d'horlogerie » de Feydeau). Comme dans le langage aussi, piégé par ses ambiguïtés ou ses contradictions : « comme je pus » entendu « comme je pue », ou les termes « sceptique » et « scandale » qui commencent par les mêmes lettres mais se prononcent de manière différente. On voit poindre, sous les paillettes et la gaieté, quelques inquiétants défauts personnels et quelques belles tares sociales : la lâcheté, la mesquinerie, l'affairisme, le rôle de l'argent, la hiérarchie des classes, la condition des femmes, condamnées à vendre leurs charmes à de généreux protecteurs ou à être vendues à des époux présentables... Mais on n'a pas le temps de s'interroger et là n'est sans doute pas la volonté de l'auteur.

Ce que souhaite Feydeau, comme avant lui Molière, Beaumarchais, et quelques autres grands génies de la comédie, c'est amuser, distraire, déclencher le rire, faire pétiller l'esprit. « L'esprit seul peut tout changer », chante Figaro à la fin du *Mariage*. Certes, mais les exigences du spectacle restent prioritaires. Et chez Feydeau, le spectacle est permanent. Voilà pourquoi on se laisse prendre.

Yves Stalloni, « *Un fil à la patte* de Georges Feydeau »,
le blog de l'École des lettres, 31 janvier 2011,
© L'École des lettres ; www.ecoledeslettres.fr/blog/

Lecture de l'image

William Hogarth, *Le Contrat de mariage* (1744), p. 3 de couverture

Le Contrat de mariage est le premier tableau du cycle intitulé *Le Mariage à la mode*, un ensemble de six peintures dans lesquelles le peintre anglais illustre la vie d'un couple d'aristocrates, depuis leur mariage arrangé jusqu'à leur mort. *Le Contrat de mariage* met en scène différents groupes de personnages : les futurs époux (à gauche), les deux pères (à droite), un créancier entre eux.

1. Décrivez le décor de la scène et identifiez les personnages. Quels milieux sociaux représentent-ils ?
2. Observez bien l'attitude de chaque personnage. Qu'exprime-t-elle ?
3. Selon vous, quel personnage s'adresse à la future mariée ? Quel personnage est représenté debout, de dos, devant la fenêtre ? Pouvez-vous formuler une hypothèse sur sa présence ?
4. Quelle conception du mariage le tableau met-il en scène ? En quoi peut-on rapprocher cette conception de celle illustrée par *Un fil à la patte* ? Quels sont les éléments de divergence ?

La scène de l'escalier, cahier photos, p. 5-6

1. Décrivez la scène représentée (objets, décors, personnages) et identifiez les passages de la pièce auxquels les clichés renvoient.
2. Décrivez sur chacune de ces images le costume des personnages. Comment pouvez-vous expliquer les différences ? Que peuvent-elles traduire ?
3. Comment transparaît sur chacune de ces photos l'opposition entre les personnages ou groupes de personnages ? Observez en particulier le jeu des couleurs, de la lumière et du vêtement.

4. En quoi les rapports de force semblent-ils différents de ceux figurés dans le texte ? Appuyez votre analyse sur la gestuelle et l'attitude des personnages.

Les décors de l'acte I, cahier photos, p. 7 et 8

1. Identifiez les différents documents : quelle est leur nature ? Quel rôle le décor joue-t-il dans une mise en scène ?
2. Confrontez à présent la maquette plane du décor au décor en relief de Levasseur. Quelles différences remarquez-vous ? Comment pouvez-vous les expliquer ?
3. En quoi ce décor correspond-il aux consignes de Feydeau et aux indications de Charon ? Quelle atmosphère s'en dégage ?
4. En quoi le décor de Shumelinsky est-il complètement différent ? Quels éléments de la mise en scène semblent néanmoins conservés ? Quelle est votre impression ?

Notes et citations

Notes et citations

Notes et citations

Les classiques et les contemporains
dans la même collection

ALAIN-FOURNIER
  Le Grand Meaulnes

ANDERSEN
  La Petite Fille et les allumettes et autres contes

ANOUILH
  La Grotte

APULÉE
  Amour et Psyché

ASIMOV
  Le Club des Veufs noirs

AUCASSIN ET NICOLETTE

BALZAC
  Le Bal de Sceaux
  Le Chef-d'œuvre inconnu
  Le Colonel Chabert
  Ferragus
  Le Père Goriot
  La Vendetta

BARBEY D'AUREVILLY
  Les Diaboliques – Le Rideau cramoisi, Le Bonheur dans le crime

BARRIE
  Peter Pan

BAUDELAIRE
  Les Fleurs du mal – *Nouvelle édition*

BAUM (L. FRANK)
  Le Magicien d'Oz

BEAUMARCHAIS
  Le Mariage de Figaro

BELLAY (DU)
  Les Regrets

LA BELLE ET LA BÊTE ET AUTRES CONTES

BERBEROVA
  L'Accompagnatrice

BERNARDIN DE SAINT-PIERRE
  Paul et Virginie

LA BIBLE
  Histoire d'Abraham
  Histoire de Moïse

BOVE
  Le Crime d'une nuit. Le Retour de l'enfant

BRADBURY
  L'Homme brûlant et autres nouvelles

CARRIÈRE (JEAN-CLAUDE)
  La Controverse de Valladolid

CARROLL
  Alice au pays des merveilles

CERVANTÈS
  Don Quichotte

CHAMISSO
  L'Étrange Histoire de Peter Schlemihl

LA CHANSON DE ROLAND

CATHRINE (ARNAUD)
  Les Yeux secs

CHATEAUBRIAND
  Mémoires d'outre-tombe

CHEDID (ANDRÉE)
  L'Enfant des manèges et autres nouvelles
  Le Message
  Le Sixième Jour

CHRÉTIEN DE TROYES
  Lancelot ou le Chevalier de la charrette
  Perceval ou le Conte du graal
  Yvain ou le Chevalier au lion

CLAUDEL (PHILIPPE)
  Les Confidents et autres nouvelles

COLETTE
  Le Blé en herbe

COLIN (FABRICE)
  Projet oXatan

COLLODI
  Pinocchio

CORNEILLE
  Le Cid – *Nouvelle édition*

DAUDET
  Aventures prodigieuses de Tartarin de Tarascon
  Lettres de mon moulin

DEFOE
  Robinson Crusoé

DIDEROT
  Entretien d'un père avec ses enfants

    Jacques le Fataliste
    Le Neveu de Rameau
    Supplément au Voyage de Bougainville

DOYLE
    Trois Aventures de Sherlock Holmes

DUMAS
    Le Comte de Monte-Cristo
    Pauline
    Robin des Bois
    Les Trois Mousquetaires, t. 1 et 2

FABLIAUX DU MOYEN ÂGE
LA FARCE DE MAÎTRE PATHELIN
LA FARCE DU CUVIER ET AUTRES FARCES DU MOYEN ÂGE

FENWICK (JEAN-NOËL)
    Les Palmes de M. Schutz

FERNEY (ALICE)
    Grâce et Dénuement

FEYDEAU
    Un fil à la patte

FEYDEAU-LABICHE
    Deux courtes pièces autour du mariage

FLAUBERT
    La Légende de saint Julien l'Hospitalier
    Un cœur simple

GARCIN (CHRISTIAN)
    Vies volées

GAUTIER
    Le Capitaine Fracasse
    La Morte amoureuse. La Cafetière
    et autres nouvelles

GOGOL
    Le Nez. Le Manteau

GRAFFIGNY (MME DE)
    Lettres d'une péruvienne

GRIMM
    Le Petit Chaperon rouge et autres contes

GRUMBERG (JEAN-CLAUDE)
    L'Atelier
    Zone libre

HIGGINS (COLIN)
    Harold et Maude – *Adaptation de Jean-Claude Carrière*

HOBB (ROBIN)
    Retour au pays

HOFFMANN
    L'Enfant étranger
    L'Homme au Sable

    Le Violon de Crémone. Les Mines de Falun

HOLDER (ÉRIC)
    Mademoiselle Chambon

HOMÈRE
    Les Aventures extraordinaires d'Ulysse
    L'Iliade
    L'Odyssée

HUGO
    Claude Gueux
    L'Intervention *suivie de* La Grand'mère
    Le Dernier Jour d'un condamné
    Les Misérables – *Nouvelle édition*
    Notre-Dame de Paris
    Quatrevingt-treize
    Le roi s'amuse
    Ruy Blas

JAMES
    Le Tour d'écrou

JARRY
    Ubu Roi

JONQUET (THIERRY)
    La Vigie

KAFKA
    La Métamorphose

KAPUŚCIŃSKI
    Autoportrait d'un reporter

KRESSMANN TAYLOR
    Inconnu à cette adresse

LABICHE
    Un chapeau de paille d'Italie

LA BRUYÈRE
    Les Caractères

LEBLANC
    L'Aiguille creuse

LONDON (JACK)
    L'Appel de la forêt

MME DE LAFAYETTE
    La Princesse de Clèves

LA FONTAINE
    Le Corbeau et le Renard et autres fables
    – *Nouvelle édition des* Fables, *collège*
    Fables, *lycée*

LANGELAAN (GEORGE)
    La Mouche. Temps mort

LAROUI (FOUAD)
    L'Oued et le Consul et autres nouvelles

LE FANU (SHERIDAN)
    Carmilla

LEROUX
    Le Mystère de la Chambre Jaune
    Le Parfum de la dame en noir

LOTI
    Le Roman d'un enfant

MARIVAUX
    La Double Inconstance
    L'Île des esclaves
    Le Jeu de l'amour et du hasard

MATHESON (RICHARD)
    Au bord du précipice et autres nouvelles
    Enfer sur mesure et autres nouvelles

MAUPASSANT
    Bel-Ami
    Boule de suif
    Le Horla et autres contes fantastiques
    Le Papa de Simon et autres nouvelles
    La Parure et autres scènes de la vie parisienne
    Toine et autres contes normands
    Une partie de campagne et autres nouvelles au bord de l'eau

MÉRIMÉE
    Carmen
    Mateo Falcone. Tamango
    La Vénus d'Ille – *Nouvelle édition*

MIANO (LÉONORA)
    Afropean Soul et autres nouvelles

LES MILLE ET UNE NUITS
    Ali Baba et les quarante voleurs
    Le Pêcheur et le Génie. Histoire de Ganem
    Sindbad le marin

MOLIÈRE
    L'Amour médecin. Le Sicilien ou l'Amour peintre
    L'Avare – *Nouvelle édition*
    Le Bourgeois gentilhomme – *Nouvelle édition*
    Dom Juan
    L'École des femmes
    Les Femmes savantes
    Les Fourberies de Scapin – *Nouvelle édition*
    George Dandin
    Le Malade imaginaire – *Nouvelle édition*
    Le Médecin malgré lui
    Le Médecin volant. La Jalousie du Barbouillé
    Le Misanthrope
    Les Précieuses ridicules
    Le Tartuffe

MONTAIGNE
    Essais

MONTESQUIEU
    Lettres persanes

MUSSET
    Il faut qu'une porte soit ouverte ou fermée. Un caprice
    On ne badine pas avec l'amour

OVIDE
    Les Métamorphoses

PASCAL
    Pensées

PERRAULT
    Contes – *Nouvelle édition*

PIRANDELLO
    Donna Mimma et autres nouvelles
    Six Personnages en quête d'auteur

POE
    Le Chat noir et autres contes fantastiques
    Double Assassinat dans la rue Morgue. La Lettre volée

POUCHKINE
    La Dame de pique et autres nouvelles

PRÉVOST
    Manon Lescaut

PROUST
    Combray

RABELAIS
    Gargantua
    Pantagruel

RACINE
    Phèdre
    Andromaque

RADIGUET
    Le Diable au corps

RÉCITS DE VOYAGE
    Le Nouveau Monde (Jean de Léry)
    Les Merveilles de l'Orient (Marco Polo)

RENARD
    Poil de Carotte

RIMBAUD
    Poésies

ROBERT DE BORON
    Merlin

ROMAINS
    L'Enfant de bonne volonté

LE ROMAN DE RENART – *Nouvelle édition*

ROSTAND
  Cyrano de Bergerac

ROUSSEAU
  Les Confessions

SALM (CONSTANCE DE)
  Vingt-quatre heures d'une femme sensible

SAND
  Les Ailes de courage
  Le Géant Yéous

SAUMONT (ANNIE)
  Aldo, mon ami et autres nouvelles
  La guerre est déclarée et autres nouvelles

SCHNITZLER
  Mademoiselle Else

SÉVIGNÉ (MME DE)
  Lettres

SHAKESPEARE
  Macbeth
  Roméo et Juliette

SHELLEY (MARY)
  Frankenstein

STENDHAL
  L'Abbesse de Castro
  Vanina Vanini. Le Coffre et le Revenant

STEVENSON
  Le Cas étrange du Dr Jekyll et de M. Hyde
  L'Île au trésor

STOKER
  Dracula

SWIFT
  Voyage à Lilliput

TCHÉKHOV
  La Mouette
  Une demande en mariage et autres pièces en un acte

TITE-LIVE
  La Fondation de Rome

TOURGUÉNIEV
  Premier Amour

TRISTAN ET ISEUT

TROYAT (HENRI)
  Aliocha

VALLÈS
  L'Enfant

VERLAINE
  Fêtes galantes, Romances sans paroles *précédé de* Poèmes saturniens

VERNE
  Le Tour du monde en 80 jours
  Un hivernage dans les glaces

VILLIERS DE L'ISLE-ADAM
  Véra et autres nouvelles fantastiques

VIRGILE
  L'Énéide

VOLTAIRE
  Candide – *Nouvelle édition*
  L'Ingénu
  Jeannot et Colin. Le monde comme il va
  Micromégas
  Zadig – *Nouvelle édition*

WESTLAKE (DONALD)
  Le Couperet

WILDE
  Le Fantôme de Canterville et autres nouvelles

ZOLA
  Comment on meurt
  Germinal
  Jacques Damour
  Thérèse Raquin

ZWEIG
  Le Joueur d'échecs

Les anthologies dans la même collection

AU NOM DE LA LIBERTÉ
  Poèmes de la Résistance
L'AUTOBIOGRAPHIE
BAROQUE ET CLASSICISME
LA BIOGRAPHIE
BROUILLONS D'ÉCRIVAINS
  Du manuscrit à l'œuvre
« C'EST À CE PRIX QUE VOUS MANGEZ DU SUCRE... » Les discours sur l'esclavage d'Aristote à Césaire
CETTE PART DE RÊVE QUE CHACUN PORTE EN SOI
CEUX DE VERDUN
  Les écrivains et la Grande Guerre
LES CHEVALIERS DU MOYEN ÂGE
CONTES DE SORCIÈRES
CONTES DE VAMPIRES
LE CRIME N'EST JAMAIS PARFAIT
  Nouvelles policières 1
DE L'ÉDUCATION
  Apprendre et transmettre de Rabelais à Pennac
LE DÉTOUR
FAIRE VOIR : QUOI, COMMENT, POUR QUOI ?
FÉES, OGRES ET LUTINS
  Contes merveilleux 2
LA FÊTE
GÉNÉRATION(S)
LES GRANDES HEURES DE ROME
L'HUMANISME ET LA RENAISSANCE
IL ÉTAIT UNE FOIS
  Contes merveilleux 1
LES LUMIÈRES
LES MÉTAMORPHOSES D'ULYSSE
  Réécritures de L'Odyssée
MONSTRES ET CHIMÈRES
MYTHES ET DIEUX DE L'OLYMPE
NOIRE SÉRIE...
  Nouvelles policières 2
NOUVELLES DE FANTASY 1

NOUVELLES FANTASTIQUES 1
  Comment Wang-Fô fut sauvé et autres récits
NOUVELLES FANTASTIQUES 2
  Je suis d'ailleurs et autres récits
ON N'EST PAS SÉRIEUX QUAND ON A QUINZE ANS Adolescence et littérature
PAROLES DE LA SHOAH
PAROLES, ÉCHANGES, CONVERSATIONS ET RÉVOLUTION NUMÉRIQUE
LA PEINE DE MORT
  De Voltaire à Badinter
POÈMES DE LA RENAISSANCE
POÉSIE ET LYRISME
LE PORTRAIT
RACONTER, SÉDUIRE, CONVAINCRE
  Lettres des XVIIe et XVIIIe siècles
RÉALISME ET NATURALISME
RÉCITS POUR AUJOURD'HUI
  17 fables et apologues contemporains
RIRE : POUR QUOI FAIRE ?
RISQUE ET PROGRÈS
ROBINSONNADES
  De Defoe à Tournier
LE ROMANTISME
SCÈNES DE LA VIE CONJUGALE
  Le couple au théâtre, de Shakespeare à Yasmina Reza
LE SURRÉALISME
LA TÉLÉ NOUS REND FOUS !
LES TEXTES FONDATEURS
TROIS CONTES PHILOSOPHIQUES
  Diderot, Saint-Lambert, Voltaire
TROIS NOUVELLES NATURALISTES
  Huysmans, Maupassant, Zola
VIVRE AU TEMPS DES ROMAINS
VOYAGES EN BOHÈME
  Baudelaire, Rimbaud, Verlaine

Mise en page par Meta-systems
59100 Roubaix

Imprimé à Barcelone par:
BLACK PRINT

N° d'édition : L.01EHRN000309.A006
Dépôt légal : mai 2012